CHANSONS

LES

GRANDES & PETITES MISÈRES

DE LA VIE

par les Membres du Caveau

MOTS DONNÉS

PARIS

Chez Ch. GROU, Libraire-Éditeur de musique et chansons,
8, rue Cadet, 8.

TYP. JULES JUTEAU ET FILS, R. ST-DENIS, 341

1866

LES

GRANDES & PETITES MISÈRES

DE LA VIE

CHANSONS

LES
GRANDES & PETITES MISÈRES
DE LA VIE
par les Membres du Caveau

MOTS DONNÉS

PARIS

Chez Ch. GROU, Libraire-Éditeur de musique et chansons,
8, rue Cadet, 8.

TYP. JULES-JUTEAU ET FILS, R. ST-DENIS, 341

1866

AVERTISSEMENT

Les chansons que contient ce recueil ont été faites sur des MOTS tirés au sort, et chantés au banquet annuel (di BANQUET D'ÉTÉ), qui a eu lieu le Samedi 16 Juin 1866, chez M. GÉRARD, restaurateur, au MOULIN VERT, à la porte Dauphine

LES
GRANDES & PETITES MISÈRES
DE LA VIE

LES INFORTUNES CONJUGALES

Air de *Julie*.

A la ville ou sous la chaumière,
A qui n'est-il pas échappé,
En lisant le divin Molière,
De rire du mari trompé?
Et pourtant, règle générale,
Pour un esprit droit, un bon cœur,
Il n'est pas de plus grand malheur
Qu'une infortune conjugale.

Auprès d'une épouse qu'on aime,
Près d'enfants qu'on croit bien à soi,
On jouit d'un bonheur suprême
Fondé sur l'amour et la foi.
Qui va, par une erreur fatale,
Détruire, hélas! et pour toujours,
Ce bonheur, charme de nos jours?...
Une infortune conjugale.

Mais, est-ce toujours à la femme
Qu'il faut s'en prendre si, parfois,
Cédant au trouble de son âme,
D'hymen elle fausse les lois?
Qu'un mari soit d'humeur brutale,
Qu'il soit froid, avare ou jaloux :
On peut prédire, à cet époux,
Une infortune conjugale.

Faisant taire sa conscience,
Certain mari, spéculateur,
Livrant sa femme sans défense,
S'enrichit par le déshonneur.
Celui-là, bravant le scandale,
Tirera peut-être à la fois :
De l'or, une place, une croix,
D'une infortune conjugale.

Dans les liens du mariage,
Pour vous engager sans retour,
Choisissez une fille sage
Et donnez-lui tout votre amour.
Sur ses principes, sa morale,
Sûr de pouvoir toujours compter,
Vous n'aurez pas à redouter
Une infortune conjugale.

J'ai, dans ce monde, une maîtresse,
Objet de mes vives ardeurs ;
C'est la Chanson, mais la tigresse
Me fait attendre ses faveurs.
Si, grâce à ma verve inégale,
Je sus, parfois, la captiver,
Je crains aujourd'hui d'éprouver
Une infortune conjugale.

A. BUGNOT,
Membre titulaire.

LA BELLE-MÈRE

Air d'*Octavie*.

Amis, je crois que la femme est un ange
Dont la devise est douceur, charité ;
Le sort me force, il est parfois étrange,
A la traiter avec sévérité.

Je dois en faire une dure marâtre
Pour l'orphelin qui tremble sous sa main,
Lui refusant caresses, place à l'âtre,
Presque toujours lui marchandant le pain.

Heureux celui qui conserve sa mère
Et sous son œil vit comme un bienheureux ;
Il ne croit pas qu'il soit une mégère
Qui des jours d'or fasse des jours affreux.

Je le comprends, oui, c'est une misère
De voir un front haineux et rembruni
Tenir la place où l'on voyait naguère
Une auréole, un front par Dieu béni!

Sous deux aspects puisque je dois m'étendre
Voici la mère au soir d'un bien grand jour,
Qui va coucher sa fille chez son gendre,
Et, par devoir, embéguiner l'Amour ;

La fille apprend que l'époux le plus tendre
Veut une esclave à ses moindres désirs ;
La maman dit comment il faut s'y prendre
Pour le punir, le sevrer de plaisirs.

C'est, bien des fois, un témoin incommode
Entre deux cœurs qui vient mettre le doigt,
Brouille souvent et très peu raccommode,
Et du jupon bien haut vante le droit.

Si vous rêvez une course champêtre,
Au doux printemps, un tête-à-tête au bois,
La mère arrive et prend part au bien-être,
Et vous procure un tête-à-tête à trois.

Elle est parfois et revêche et jalouse,
Quand devant elle on se fait les yeux doux,
Lorsque, chez elle, à ses yeux d'Andalouse
Son vieux répond par un accès de toux.

Si, par hasard, vous retient une affaire,
Loin d'amoindrir, d'excuser un retard,
A votre femme elle dira : « Ma chère,
Chez une ancienne il est resté fort tard. »

De vos enfants elle est marraine, aïeule ;
Donc au logis, tout doit suivre ses lois ;
Pour vos amis elle se fait bégueule,
Et les meilleurs sont traités d'Iroquois.

Mouche du coche, au sein de la famille
Son cœur s'égare, elle perd la raison,
L'excès de zèle et d'amour pour sa fille
Font un enfer de toute une maison.

Mais, par bonheur, pour une un peu méchante
Que j'en aurais de bonnes à vanter !
Un soir, cherchant le type que je chante,
Un mauvais songe est venu l'apporter.

Amis, je crois que la femme est un ange
Dont la devise est amour et bonté ;
Le sort me force, il est parfois étrange,
A déployer trop de sévérité !

ALLARD-PESTEL,
Membre titulaire.

LES BOTTES NEUVES

Air de *Kettly*.

Du Destin l'arrêt
Me prescrit de chanter les bottes,
　　Neuves... qui plus est,
Je suis tanné de mon sujet ;
　　Roi des chansonniers,
Prête-moi des rimes falotes,
　　O bon Désaugiers,
Je suis dans mes petits souliers !

　　Que dire, en effet ?...
Je dirai que des bottes neuves
　　Sont un trébuchet
Pour le patient qui les met,
　　Qu'accusant le sort,
Après de pénibles épreuves,
　　Il peut, s'il est fort,
Les chausser... au prix d'un effort.

　　Effort décevant
Quelquefois... car le tirant casse...

Un cri malséant
Surgit soudain... mort au tirant !
Vieux souliers bannis,
Reprenant alors votre place,
Vous êtes bénis
Quoiqu'ayant un vilain vernis.

On chanta très bien
Bastien a des bottes !... des bottes !!!
Mais on ne dit rien
De ce que put souffrir Bastien.
On dit moins encor,
Qu'il dut, confus de ses ribotes,
Calmant son essor
Subir la contrainte par cor !

Voyez ce dandy
Que plus d'un cotillon réclame,
Partout applaudi
Pour son pied fin, leste et hardi :
A part lui, demain,
Il aura, dans le fond de l'âme,
Un avis certain
Sur la prison de Saint-Crépin.

Bravant sa douleur,
Parmi des beautés sémillantes,
Ce triomphateur
Couche en joue une dot... un cœur ;

Tel est son travers,
Jusqu'ici ses bottes brillantes
Furent, sort pervers !..
Pour lui des bottes à revers.

Certaine beauté,
De race tant soit peu bâtarde,
Veut, par vanité,
Que son pied au turf soit cité,
Mais, au pavillon,
Ce pied en botte à la hussarde
Chausserait, dit-on,
Une botte de postillon !

Assez fréquemment
Une botte neuve décèle
Par son craquement
Le départ furtif d'un amant ;
Si ce maudit bruit
Au mari jaloux se revèle,
Anxieux... la nuit
Il se gratte où le mal le cuit !

Trop juste chaussé,
On manque un voyage à Cythère ;
L'instant est passé
L'oiseau léger s'est éclipsé !
Et clopin-clopant,
Si l'on postule au ministère,

Prenant... le devant
Un pied plat prend... l'emploi vacant.

David, ce saint roi,
Ce descendant d'un patriarche,
N'eût pas fait, je croi,
Un entrechat de bon aloi,
S'il se fût fourni,
Alors qu'il dansait devant l'arche,
Chez un bottier qui
Se nommait chez nous Sakoski (*).

Bref, un bon dîner
Me plaît... mais si dans une botte
Il faut me gêner
Et, sans pitié, m'emprisonner,
S'il faut, dans ce cas,
Voir mes pauvres pieds en compote,
Un pareil repas,
Amis, ne me chaussera pas.

A. SALIN,
Membre honoraire.

(*) Sakoski, bottier célèbre, établi au Palais-Royal. et qui ne travaillait que pour des clients à équipage; on connaît sa réponse admirable à une personne qui lui faisait des reproches sur le peu de solidité d'une paire de bottes qu'il lui avait fournie : « Mais vous avez peut-être marché avec?.. »

L'ALBUM

Air : *En vérité, je vous le dis*.

Je n'aime pas le mal de dents,
Je redoute fort les coliques,
Les cors aux pieds, les domestiques,
Les portiers et les intrigants ;
Mais ce que surtout je déteste,
Plus qu'un écolier le *pensum*,
Ce que je fuis comme la peste,
En vérité, c'est un album !

Dans chaque album que trouve-t-on ?
C'est presque toujours même chose ;
De grands mots d'un monsieur qui pose,
Des vers dignes d'un mirliton,
Puis des dessins, de la musique,
Bref, c'est un vrai *capharnaüm ;*
J'ai vu même la politique
Se glisser jusque dans l'album.

Partout, c'est la mode à présent,
La bourgeoise ou la grande dame
A tous ses invités réclame
Un spécimen de leur talent ;
N'essayez pas de vous soustraire
A cet absurde *ultimatum*...
Vous devez souffrir et vous taire
Sans murmurer... devant l'album !

L'autre soir, j'en rougis encor,
Chez une biche on me présente ;
Elle était, sur ma foi, charmante,
Je lui fis la cour tout d'abord ;
Me croyant sûr de ma conquête,
J'allais manquer de... *décorum*...
« Arrêtez ! me dit la coquette,
Vite un couplet pour mon album ! »

Quoi ! sur-le-champ faire un couplet !
La tâche n'était pas facile ;
Tout bas, j'invoquai saint Clairville,
Le grand patron du galoubet ;
Mais, sans doute, il était sur terre
A chansonner quelque *Barnum*...
Il n'entendit pas ma prière.
Je restai seul contre l'album !

Enfin, je fis un madrigal,
Puis j'implorai ma récompense;
Mais voyez ma mauvaise chance!
La belle me reçut fort mal...
J'avais chanté la couleur brune,
Elle était blonde... ô *delictum!*
Adieu donc ma bonne fortune!
De bon cœur je maudis l'album!

Ah! que n'ai-je encor mes vingt ans!
Le dimanche avec ma maîtresse,
Je m'en souviens, avec ivresse
Nous allions courir par les champs!
Parfois, penché sur son épaule,
Je gravais, sans nul *erratum,*
Nos noms sur l'écorce d'un saule...
De nos amours c'était l'album!

C. GROU,
Membre associé.

LE PIANO

Air : *C'est le beau Thomas*

Depuis quelque temps
Le piano devient trop de mode,
Partout je l'entends,
Et loin que je m'en accommode,
Chaque jour ses grands airs
Me donnent sur les nerfs ;
Je ne sais comment m'y soustraire ;
J'ai beau changer d' propriétaire,
C' maudit instrument
Me poursuit constamment.

J' fus dans un faubourg,
Persuadé que j'aurais plus d' chance ;
Près du Luxembourg
Où la jeunesse chante, danse ;
Mais, ô déboire affreux !

Chez mon portier cagneux,
Pendant que la mère tricote,
Tous les soirs sa fille tapote ;
C' maudit instrument
Me poursuit constamment.

Quand, dans un salon,
J' vois sur chaque touche alignée
Une fill' de bon ton
Prom'ner ses pattes d'araignée ;
Que de contorsions,
D' gesticulations !
Il me faut pourtant sans grimace,
Malgré moi rester à ma place :
C' maudit instrument
Me poursuit constamment.

J'ai donné congé
D'un appartement confortable,
Et celui que j'ai
Devait me paraître agréable ;
Je m'y trouvais fort bien,
N'entendant presque rien,
Quand un jour, au-dessus d' ma tête,
Résonne une affreuse épinette ;
C' maudit instrument
Me poursuit constamment.

Depuis mon portier
Jusqu'à Paméla du cinquième,
Sur chaque palier
Se répète le même thème;
Pour fuir ce bacchanal,
J' vais changer de local.
Le piano me rend imbécile,
J' veux trouver un log'ment tranquille,
Loin d' cet instrument
Qui m' poursuit constamment.

Au milieu des champs
J'ai cru dormir, affreux mensonge!
Ses sons énervants
Tout's les nuits m' reviennent en songe,
Je n'y puis plus tenir,
Aussi, pour en finir,
Quand j' vous racont' ma p'tit' misère,
Amis, tâchez donc de fair' taire
C' maudit instrument
Qui m' poursuit constamment.

VASSEUR,
Membre titulaire.

LES RASEURS

Air de *la Femme à barbe*.

Ce monde est rempli de raseurs :
Il est des raseurs politiques,
Des raseurs grands moraliseurs,
Même des raseurs dramatiques ;
On nous rase avec des sermons,
On nous rase avec des chansons,
Avec les courses printanières ;
On nous rase de cent manières.
A peine au monde arrive-t-on,
Sans la moindre barbe au menton,
Que dans l'endroit où Dieu nous case,
Il est un raseur qui nous rase.

A chaque instant, pour des bouquets.
Pour un baptême, un mariage,
On me demande des couplets...
Et quand de les faire j'enrage,
Lisette, un album à la main,
Vient me dire, d'un air gamin :
« De grâce, en vers ou bien en prose,
Monsieur, faites-moi quelque chose. »
Encore un album, c'est trop fort !
Quand je voudrais, avec transport,

Lui parler du feu qui m'embrase,
Faut-il que Lisette me rase !

J'allais me mettre à mon bureau
Pour faire un couplet de facture
Lorsque de son drame nouveau
Athanase me fit lecture.
Trois enfants étaient morts déjà,
Quand la maman et le papa
Tombent dans une cataracte !
Et nous n'étions qu'au premier acte.
Athanase est de mes amis,
Mais à la porte je l'ai mis.
Ma foi, tant pis pour Athanase,
Faut-il que l'amitié nous rase !

J'attendais Rose l'autre soir,
Quand je vois entrer Adrienne ;
Or, je dois vous faire savoir
Qu'Adrienne c'est mon ancienne :
Elle me parla du bon temps
Où tous deux nous avions vingt ans,
Des rides qui nous enlaidissent
Et de nos cheveux qui blanchissent.
Pendant ce joli discours-là,
Rose vint et puis s'en alla.
Lorsque le présent c'est l'extase,
Faut-il que le passé nous rase !

Je rencontre Paul un matin,
Sa fureur paraissait extrême :
« Ah! me dit-il, j'ai vu Martin,
Et j'ai pu lui dire à lui-même... »
Alors me prenant au collet,
Me parlant comme il lui parlait,
Il se met à crier : « Infâme!
Vous avez suborné ma femme! »
Et la foule qui s'ameutait
Déjà contre moi se mettait,
Croyant qu'il m'adressait sa phrase.
Faut-il donc qu'un cocu me rase!

On voit mille et mille vaisseaux
Raser l'écueil et s'y soustraire,
Les abeilles rasent les eaux,
L'hirondelle rase la terre,
Tous les oiseaux rasent les airs,
Mille poissons rasent les mers,
On est rasé par la mitraille,
L'ivrogne rase la muraille...
Dans ce monde civilisé,
Tout est raseur, tout est rasé ;
Le globe même perd sa base
Que déjà la faux du temps rase.

Bref, on est rasé par des gens
Que l'on chérit au fond de l'âme :

On est rasé par ses enfants,
Et l'on est rasé par sa femme ;
On est rasé par son bottier,
Par son tailleur, par son portier,
Même par son propriétaire,
Par son curé, par son notaire,
Rasé par l'univers entier,
Enfin, jusques à mon barbier
Qui, lui-même, en me rasant jase ;
Tout le monde en jasant me rase.

Vous croyez que j'ai terminé ?
Non, je dois faire à cette table,
Fidèle au mot qui m'est donné,
Une chanson interminable.
Sans faire de vous des poseurs,
Pouvais-je traiter les raseurs ?
Non, il faut que du mot j'abuse
Et qu'à vous raser je m'amuse.
Cette chanson est un rasoir ;
Avec elle je suis, ce soir,
Bien heureux de raser Pégase,
Puisqu'en le rasant je vous rase.

CLAIRVILLE,
Membre titulaire, Président.

L'OMNIBUS COMPLET

Le suprême omnibus, armé d'un noir plumet,
    Parcourt incessamment la ville,
    En portant, de façon civile,
  Le sénateur, le maître et le valet.
Un voyageur docile est, là, fort à son aise,
Le docteur négligent de sa dernière thèse,
Le ténor consolé de son dernier sifflet.

    Sur les panneaux du vieux carrosse,
      Un sablier en ronde-bosse
    Se dessine entre deux boulets,
    Et la grande machine avance
Au milieu de la peur et du profond silence
    Des bourgeois rougeauds et replets.

  Tout y viendra : la servante et la reine;
  Modeste enfin, la grande Célimène
  Y va monter sans montrer son mollet;

On y verra l'avare et la grisette ;
Et nos amours : Margot, Flore ou Musette,
Un beau matin, y viendront sans gilet.

Du suprême omnibus tel est le privilége :
   D'un tour de roue, il fait le beau du laid ;
   Il rend célèbre un régent de collége,
   Il porte au ciel un maître de ballet.
On excelle, en ce char, à parer les ténèbres,
A tirer, du mépris, les oraisons funèbres,
A faire un Marengo, d'un tir à pistolet.

   Tout s'agrandit sous ce grand véhicule :
   La moindre lettre est une majuscule;
Vive Trimalcion ! louange à Gringalet !
   Un flageolet est... *un grand flageolet!*
   Chacun de nous, *l'honneur de sa province,*
   Devient ici, pour une heure, au moins... prince.
Sultan du Rien, marquis du Quolibet,
Princes et rois des auteurs dramatiques,
Prince des sots, et *prince des critiques,*
Voyez ! son sceptre est un manche à balai.

Le temps d'aller, nous sommes tous sublimes,
De l'Hélicon nous habitons les cimes,

On fait une ode avec un triolet.
Que de respects ! En traversant la rue,
Petits ou grands, un chacun nous salue;
On saluerait Falstaff, Bazile ou Triboulet.

Notre omnibus est plein de songe,
Chacun y porte le mensonge
Auquel son esprit se complaît :
La comédienne au miroir se maquille;
Le béquillard jette au loin sa béquille;
Le biographe en carte aiguise son stylet...

Pourtant, ô mes amis, si vous voulez m'en croire,
Méfiez-vous de ce char de victoire ;
Le pâle conducteur vous saisit au collet.
De tous ses passagers maître Orcus sait le nombre,
Et jamais, de sa bouche d'ombre,
On ne l'entendit qui hurlait
A la libre pensée, au bonheur, à la vie,
A la jeunesse, à la gloire, au génie :
« Passez votre chemin, *l'omnibus est complet !* »

JULES JANIN,
Membre honoraire.

LE TRAIN MANQUÉ

Air de *la Lithographie*.

Que de tracas, de misères !
Lorsqu'on trouve, en son chemin,
Des causes particulières
Vous faisant manquer un train.

Je reçois de Saint-Quentin
Une lettre d'un cousin,
M'annonçant qu'un vieux parent
Est mal et presque mourant ;

Il désire, pour affaire,
M'entretenir un moment,
Et m'attend, dit-il, pour faire
De suite son testament ;

Je prépare, à cet effet,
Et mon linge et mon paquet ;
D'une botte les tirants
Se rompent en même temps,

Je mets une autre chaussure
Et passe mon pantalon,
Mais j'y vois une ouverture
Qui n'était pas au talon ;

Je change, et, prêt à partir,
Le portier vient m'avertir
Que l'on me fait demander
Pour une note à solder;

Vite je compte la somme
Et je m'élance dehors,
Je tombe sur un gros homme
Qui me froisse tout le corps;

Comme échappé de l'enfer,
Je cours au chemin de fer,
Quand j'arrive, il est trop tard
Et je manque le départ;

Après trois heures d'attente,
Je veux prendre mon billet,
Ma bourse, par une fente,
A glissé de mon gousset.

Je me fouille vainement,
Et gagne mon logement,
Mais jugez de mon effroi,
Je n'ai pas un sou chez moi

Je vais trouver mon notaire,
Par un contre-temps fatal,
Ce patron fait inventaire
Au quartier de l'Arsenal;

Un voisin, fort obligeant,
Me prête enfin de l'argent,
Tout sourit à mon espoir,
Mais plus de départ le soir!

Je rentre dans ma demeure,
Mourant de soif et de faim,
Et je restai plus d'une heure
A dévorer... mon chagrin;

Fatigué de réfléchir,
Je parvins à m'endormir,
Espérant, le lendemain,
Partir par le premier train;

On m'apporte un télégramme
De mon cousin Adrien,
Mon parent a rendu l'âme
Et m'a privé de son bien;

Après un si grand malheur,
Prenez part à ma douleur;
Dois-je en pleurer?.. entre nous,
J'aime mieux rire avec vous.

Quoique pour cette bluette,
Je me sois bien appliqué,
Je crains que l'on ne répète :
C'est encore un train manqué.

G. BOUCLIER,
Membre titulaire

LE NAUFRAGE

Air : ***Suzon sortait de son village.***

L'homme va, court, vient, se promène,
Erre au pays des songes creux,
D'illusions tressant sa chaîne,
Il se plaint d'être malheureux :
    Puis sur sa face
    Le temps qui passe
A-t-il creusé son sillon ricaneur,
    Il se lamente
    Et se tourmente
D'avoir vécu sans trouver le bonheur...
Et cependant sur son passage
Le bonheur lui tendait la main,
L'amour guidant le pélerin,
    Le gardait du naufrage.

Qui donc en ce fâcheux voyage
Qu'on nomme la vie, ici-bas,

Est sûr d'atteindre le rivage
Sans trébucher à chaque pas?
  Notre jeunesse
  Avec ivresse
Rit du danger et chante le printemps;
  De fraîches roses
  A peine écloses
Nous nous parons, heureux de nos vingt ans;
 Mais bientôt un sombre nuage
 Vient troubler nos amours d'enfants,
 Et c'est au milieu des brisants
  Qu'on vient faire naufrage.

Que de notre bêtise humaine
Maître Satan doit se gaudir!
Sur un dada que l'on surmène
Tous s'élancent pour se grandir :
  Cette cocotte
  A la marotte
De se poser en dame de bon ton;
  Elle est duchesse
  De Sainte-Espèce,
Et ses aïeux avaient... un grand cordon!
 Mais quand on entend son ramage
 Où les cuirs croissent à foison,
 On doute un peu... de son blason...
  La belle fait naufrage.

Depuis huit jours, dans les gazettes,
Un confrère très bon enfant
Prône, à grand renfort de trompettes,
Un chef-d'œuvre, un événement...
    Toute la presse
    Court et se presse
Pour applaudir et la pièce et l'auteur ;
    Pour une stalle,
    Petite et sale,
On donnerait... vingt francs au contrôleur ;
Mais on ne sait pourquoi l'orage
Dans la salle gronde et rugit...
Où diable se niche l'esprit?...
    La pièce fait naufrage.

Fier d'une importante trouvaille
Qui dans le mois doit l'enrichir,
Un coulissier livre bataille
Aux capitaux... de l'avenir :
    « J'aurai voiture,
    La chose est sûre,
Tout doit monter... même le Mobilier,
    Et sans attendre,
    Je vais descendre
De mon grenier au salon du premier... »
Mais, patatras!... tout déménage,
Le renseignement était faux.

Les bas viennent après les hauts,
Encore un qui naufrage!

Après un décevant fantôme
Pourquoi courons-nous, ahuris?
Dort-on moins soûs un toit de chaume
Que sous de fastueux lambris?
Cette richesse
N'est pas sagesse,
Le sot orgueil n'est pas contentement.
Pour moi ma gloire
Est de bien boire,
Mes chers amis, je le dis franchement;
Ma morale doit être sage,
Puisqu'à table je vous vois tous,
C'est sous un tonneau de vin doux
Qu'il faut faire naufrage!

C. DEMEUSE,
Membre associé.

LES CHENILLES

Air : *Un homme pour faire un tableau*.

La nature offre à nos savants
D'animaux un rare assemblage ;
Du ciron jusqu'aux éléphants
Ils ont tout décrit... quel courage !
Beaucoup moins vaste est mon projet ;
Que d'autres dont l'esprit scintille
Choisissent plus haut leur sujet,
Moi, je vais chanter la chenille.

OEuf d'abord, cet insecte naît
D'un papillon blanc, noir ou rose ;
L'œuf éclos, la larve apparaît...
Puis, nouvelle métamorphose,
On la voit presque s'amortir
Cette chrysalide gentille,
D'où le papillon doit sortir
Pour reproduire œuf et chenille.

D'un des rosiers de mon jardin
La fraîcheur me charmait la vue,

Et tout joyeux, chaque matin,
J'admirais sa belle venue;
Un jour, jugez de ma douleur,
Frais boutons et feuilles gentilles,
Je trouve tout, même la fleur,
En proie à d'affreuses chenilles.

Ce maudit insecte partout
Se glisse, ronge et fait ravage.
Sur nos arbres à fruits surtout
On le voit s'étendre avec rage...
Buveur, à l'aspect du bourgeon
Tu te délectes, tu sautilles;
Mais un mois plus tard, quel plongeon!
Plus rien... que branches et chenilles.

« Une chenille! quelle horreur!
Dit une petite maîtresse;
Jugez, monsieur, de ma fureur,
Et de mes gens voyez l'adresse!
Hier, en mangeant mon rôti,
Que de salade j'entortille,
Un cri de ma bouche est sorti :
J'allais croquer une chenille! »

Suivez de l'œil ce fanfaron
Qui vous séduit par sa faconde :

Il vous paraît un franc luron
Prêt à tout pourfendre à la ronde :
S'il rencontre un homme de cœur,
Ce n'est plus sa verve qui brille,
Il se fait tout humble... il a peur...
Il rampe comme une chenille.

La lorette qu'on voit au Bois
De nos gentlemen entourée,
Mène, à six mille francs par mois,
Cette existence colorée :
Bientôt, comme le papillon,
Nous reverrons la pauvre fille
Sans voiture et sans vermillon,
A l'état d'ignoble chenille.

Mais j'entends qu'on me crie : Assez !
Je le comprends et je m'arrête.
Huit couplets sont sitôt passés,
Pourvu que le sujet s'y prête :
Un dernier mot pour enlever
Mon petit succès de famille :
Que Dieu daigne vous préserver
Du contact de toute chenille.

FORTIN.
Membre associé

LES PUCES & LES PUNAISES

Air : *Consultez-vous d'une simple bouteille*

Si des frelons vous craignez la piqûre,
Il est encor des êtres plus petits
Dont votre peau redoute la morsure,
Dont votre sang charme les appétits ;
Je veux ici soutenir cette thèse
Qu'après la guerre, un des plus grands fléaux
C'est ici-bas la puce ou la punaise ;
Rien n'est sacré pour de tels animaux.

Quand, fatigué par un travail pénible,
Vous vous livrez aux douceurs du sommeil,
Voilà soudain qu'un insecte invisible
En vous mordant cause votre réveil.

Vous le frappez, mais il en reste seize,
Vingt, trente, hélas! qui vous sucent le dos!
Tuez la puce, écrasez la punaise,
Rien n'est sacré pour de tels animaux.

Lise se plaint d'avoir été piquée,
Il lui survient force démangeaisons,
Car dans son sein une puce embusquée
Comme un chasseur fourrage les buissons ;
Bientôt l'insecte augmentant son malaise,
Lui fait plus bas des ravages nouveaux :
Où diable vont la puce et la punaise?
Rien n'est sacré pour de tels animaux.

L'amant épris de la fleur fraîche éclose
Qui le ravit par sa suave odeur,
Tout en rêvant croit cueillir une rose
Pour la beauté qu'il porte dans son cœur ;
Mais cette fleur qui le pique et qu'il baise,
C'est une puce, et pour comble de maux,
Entre ses doigts il sent une punaise :
Rien n'est sacré pour de tels animaux.

Solliciteurs, gens plus ou moins honnêtes,
Vous supportez le dédain, le mépris,
Et quelquefois, à force de courbettes,
De vos efforts vous obtenez le prix.

On peut de vous dire, par parenthèse :
Comme une puce ils sautent à propos,
Et sont souvent plus plats qu'une punaise :
Rien n'est sacré pour de tels animaux.

L'épicurien, franc et loyal compère,
Pour des couplets composés sans façon
Se voit piqué par un folliculaire
Qui fera fi de l'aimable chanson ;
Mais la chanson, de la gloire française
A su toujours embellir les drapeaux :
A bas Fréron, la puce et la punaise,
Rien n'est sacré pour de tels animaux !

J. LAGARDE,
Membre honoraire.

LES CHUTES

POT-POURRI

Air : *Adieu, je vous fuis, bois charmants*.

Au moment de saisir mon luth,
Un obstacle à moi se présente,
Le sort carrément me dit : Chut!
Et le président me dit : Chante!
Je suis perplexe... mais le cas
Pouvant être un sujet de lutte,
Pour mettre fin à l'altercas,
De mon mieux je vais chanter *chute*.

Air du *Charlatanisme*.

Avant de raconter ici
Les chutes dont ce globe abonde,
J'ai dû remonter, Dieu merci!
Jusqu'à l'origine du monde.
Et dans ce fait très peu connu
D'Ève, d'Adam et d'une pomme,
Au bout d'un mois j'ai reconnu
Que tout le mal nous est venu
De la chute du premier homme.

Air du *Méléagre champenois*.

Jeunes beautés, profitez de vos charmes,
Le temps jaloux sera sourd à vos vœux,
Et vous verrez venir, malgré vos larmes,
Chute de dents et chute de cheveux;
Quelle que soit aujourd'hui leur prestance,
De vos appas chacun dira plus tard :
　« Ils sont debout chez la jeune Hortense,
Ils sont tombés chez la mère Picard! »

Air de *Philoctète*.

Je vous en prie, excusez mon émoi,
Car je m'en vais vous dire une maxime
Tout bonnement, tout simplement sublime,
Qu'on n'a jamais formulée avant moi :
« Quand des honneurs vous atteignez la butte,
» De vos amis le nombre est toujours grand,
» Si vous tombez, ils vous lâchent d'un cran,
» Et vous restez seul après votre chute. »

Air : *De ma Céline amant modeste*.

Ma Céline, en toi si j'admire
Des bras potelés et nerveux,
De blanches dents, un frais sourire,
Et l'opulence des cheveux;
Tout a, dans la belle nature,
Un attrait pour moi souverain,

Et plus encor que ta figure
J'admire la chute... du rein.

Air du Vaudeville de *l'Étude*.

A ce propos-là je déplore
De Garat le trépas récent,
Car vraiment s'il signait encore
Les billets de mille et de cent,
Je dirais, dût dans sa colère
Céline me traiter d'ingrat,
Qu'à celle du Rhin je préfère
La chute du *nid à Garat*.

Air : **Au temps heureux de la chevalerie**.

Au temps heureux de la chevalerie,
Le cœur rempli d'espérance et de foi,
On adoptait pour devise chérie :
Tout pour mon Dieu, pour ma dame et mon roi!
De Dieu partout on déserte les temples,
A notre amour les biches ont des droits,
Et de leur chute on a vu tant d'exemples,
Qu'on est blasé sur le compte des rois.

Air : **Ah! qu'il est doux de vendanger**.

Jeune fille, au feu des désirs,
   A l'ardeur des plaisirs
Si tu finis par succomber,
   N'es-tu pas, dans la lutte,

Perle avant de tomber,
Et fange après la chute!

Air : *Un homme pour faire un tableau*.

Que le fait se passe aux Français
Ou bien à l'Ambigu-Comique,
Pour l'auteur qui rêve un succès
Ce doit être un moment critique,
Lorsqu'il entend un *crescendo*
De sifflets sans délicatesse,
Et que la chute du rideau
Amène celle de la pièce.

Air du *Tailleur et la fée*.

Mon adorée avait quelques scrupules
Et résistait à ma brûlante ardeur.
Pour lui prouver qu'ils étaient ridicules
Et désarmer sa farouche pudeur,
Dès le matin, à travers la campagne,
Je promenai nos élans amoureux,
Je l'accablai de propos langoureux,
Puis, à dîner, en sablant le champagne,
Je vis bientôt tomber pour mon amour
Le dernier voile à la chute du jour.

Air : *Soldat français né d'obscurs laboureurs*.

Pauvre garçon, tu possèdes en vain
Esprit, beauté, jeunesse... un mal horrible

Dans ta poitrine a laissé son levain,
Et son atteinte est un arrêt terrible.
Quand de ta vie il emporte un lambeau
A chaque instant, les roses que tu cueilles
Se faneront demain sur un tombeau,
Et de tes jours s'éteindra le flambeau
   Quand viendra la chute des feuilles!

Air de *Julie*.

Un vieux monsieur, à sa jeune voisine
   Cherchant à faire un madrigal,
Trouva d'abord une pointe assez fine,
   Mais il manqua le trait final.
« Votre Apollon n'a pas un feu durable,
   Dit la dame d'un air pincé;
   Ce n'était pas mal commencé,
Mais cette chute est déplorable! »

Air du *Piége*.

De chute à force de parler,
Je commence à fléchir moi-même;
Je ne puis le dissimuler,
Ma faiblesse devient extrême;
J'ai déjà fait plus d'un faux pas,
Et je redoute une culbute,
Si votre amitié ne vient pas
M'offrir ce soir un parachute.

LOUIS PROTAT,
Membre titulaire.

LES MAUVAIS DOMESTIQUES

Air des *Comédiens*.

Déjà mon tour!... moment des plus critiques!
Bon gré, mal gré, je dois m'exécuter.
Mais quoi! chanter les mauvais domestiques,
C'est un sujet épineux à traiter.

Lorsque *Grangé*, dans un tableau de maître,
A de l'office évoqué les secrets,
Pauvre apprenti, puis-je bien me permettre
De vous narrer mes intimes couplets?

Non; la prudence au mutisme m'invite,
Et sagement je biffe ma chanson.
Puis de la sorte, à coup sûr, je m'évite
Un gros procès fait pour contrefaçon.

Protat peut-être arrangerait la chose,
Car son esprit sait tout faire excuser.
Ne bâillez pas... je reste bouche close;
Chacun ici doit rire et s'amuser.

Eh bien! chantez vos petites misères,
Je me rassieds et vais être exigeant.
En fait d'esprit, mes très joyeux confrères,
Tout comme vous, j'en veux pour mon argent.

J. VERGERON,
Membre titulaire.

LES EXIGENCES DU PORTIER

Air : *J'en conviens, écuyer novice*.

De la tâche qui m'est donnée
En vérité je me sens effrayé ;
  Sur une semblable donnée
On s'est déjà si souvent égayé !
Que de charmants esprits, en vers, en prose,
Qu'on les appelle ou de Kock ou Monnier,
Ont illustré ce sujet qu'on m'impose :
  Les exigences du portier !

N'importe ; il faut pourtant me mettre à l'œuvre,
Et de mon mieux explorant mon sujet,
Je vais tâcher de peindre cette pieuvre
  Que l'on nomme le pipelet ;
Je vais tenter de dévoiler les crimes
De ce tyran du bas de l'escalier ;
Je vais pleurer sur le sort des victimes
  Des exigences du portier.

Mais, j'y pense, est-il nécessaire
D'énumérer les ennuis, les tracas
Dont, quoi qu'il fasse, un pauvre locataire,
La nuit, le jour, est la victime, hélas!
Dans ce récit j'ai grand' peur d'être triste
Et d'ameuter sur moi le corps entier;
D'ailleurs, chacun de nous connaît la liste
 Des exigences du portier.

Parlons un peu du portier de théâtre :
Dans son espèce il est fort curieux;
En général, il est acariâtre,
Bourru, grognon, et très avantageux;
Pour les gandins rempli de complaisance,
Galant mercure, il leur sert de courrier,
Mais ces messieurs connaissent l'importance
 Des exigences du portier.

Que de portiers nous voyons à la ronde!
 La soubrette, au seuil du boudoir
 D'une dame du demi-monde
Chez qui l'on veut se faire recevoir,
D'un grand seigneur l'insolent secrétaire,
 D'un ministre le grave huissier...
Autant de gens dont il faut satisfaire
 Les exigences de portier.

D'une prison le geôlier qui vous crie :
« On ne sort pas!... », le médecin chargé
De nous ouvrir les portes de la vie,
Dont bien souvent il nous donne congé,
   Jusqu'au gardien du cimetière,
   Le plus terrible et le dernier,
Toujours, hélas! il nous faut satisfaire
   Les exigences du portier.

Dans tous les temps à cette loi sévère
On se soumit, dût-il en coûter cher ;
Rappelez-vous les rigueurs de Cerbère,
   Ce vieux pipelet de l'enfer.
Faisons donc tous le bien dans cette vie ;
Quelqu'un, là-haut, ne peut pas l'oublier :
Il rendra moins sévères, je parie,
   Les exigences du portier.

N. LEFEBVRE,
Membre associé.

LE POURBOIRE

Air : *La bouche et la main* (DONNE)

Au premier coup d'œil le pourboire,
Que le sort vient de m'apporter.
Paraît une assez pauvre histoire
Qu'un poète ait à raconter.
Mais dussé-je avoir un mécompte,
Je vous le dis, en vérité,
Quand c'est devant vous qu'on raconte,
Le pourboire a son bon côté.

Le pourboire est, je le confesse,
Un abus des plus éclatants
Dont l'habitude, la faiblesse
Ont grevé nos mœurs dès longtemps.

Mais toujours la splendeur des roses
Avec l'épine a contrasté...
Et, comme les mauvaises choses,
Le pourboire a son bon côté.

Est-il besoin qu'ici j'entr'ouvre,
En rappelant dans ma chanson
Vachette ou bien l'hôtel du Louvre,
La porte aux profits du garçon?
Pour quarante sous qu'on lui jette,
Un valet, naguère effronté,
Devient discret, agile, honnête!...
Le pourboire a son bon côté.

Décidez-vous, par aventure,
Une jeune et belle Didon
A prendre un soir une voiture?...
N'oubliez pas l'automédon,
Et sans peur risquez des merveilles;
Le drôle largement doté
Ferme les yeux et les oreilles...
Le pourboire a son bon côté.

On sait qu'un matin de bataille
Un doigt de rhum gaîment versé
De nos soldats grandit la taille...
C'est un pourboire bien placé.

Pour capital il a la gloire,
Pour prime l'immortalité,
Et pour intérêts la victoire!...
Le pourboire a son bon côté.

J'aime jouer la comédie,
Mais que j'y mêle des couplets,
Le public en a, quoi qu'on die,
Un bonheur des plus... incomplets.
Au Caveau — c'est un fait notoire —
Chacun a l'air presque enchanté
Lorsque je chante le pourboire...
Le pourboire a son bon côté.

Victor LAGOGUÉE.
Membre titulaire.

LES ÉTRENNES

Air du *Verre*.

Les étrennes, mot séduisant ;
Que de souvenirs il réveille !
Quel mot a jamais de l'enfant
Plus doucement charmé l'oreille ?
Lorsque décembre, en s'enfuyant,
De son dernier jour rompt la chaîne,
Dans son premier, du nouvel an
Janvier nous apporte l'étrenne.

Les étrennes... Dieu ! quel plaisir !
On y songe trois mois d'avance,
On en rêve, un ardent désir
En centuple la jouissance ;
Mais on a beau le désirer,
— Tenez la chose pour certaine, —
Il est rare de rencontrer
L'objet dont on voudrait l'étrenne.

Les étrennes, c'est des jouets,
Des pralines, des sucreries,

Des bijoux, des colifichets,
Des dentelles, des chatteries;
Mais le fin dessus du panier
Est encor la meilleure aubaine;
Si vous arrivez le premier
N'importe où... vous avez l'étrenne.

Les étrennes, à mon portier
Toujours grassement je les donne;
En revanche, sur l'escalier
Dès que je l'entends qui fredonne,
J'ouvre ma porte le matin,
Lui me tend sa main toujours pleine,
Et pendant que dort mon voisin,
De ses journaux je prends l'étrenne.

Les étrennes... pour Louison
Rien n'est ni trop beau ni trop riche,
Mais pour les gens de la maison
On se montre économe et chiche.
Tel mari dépense beaucoup
Pour sa maîtresse, et puis sans gêne,
A sa femme en tendant le cou,
De sa barbe il offre l'étrenne.

Les étrennes. quand j'en donnais
A la jeune et gentille Adèle

En lui disant que je l'aimais,
A mes vœux elle était rebelle.
Je la croyais sage... un beau jour
Pour moi se faisant plus humaine,
J'eus le regain de son amour ;
Un autre en avait eu l'étrenne.

Les étrennes, les regretter,
Non jamais je n'en eus l'envie ;
J'étais heureux de les porter
A mon Adèle si jolie.
Mais quand je croyais conquérir
Un bouton de rose... avec peine,
Me revient l'affreux souvenir
D'autres boutons dont j'eus l'étrenne.

Les étrennes... je puis chanter
Jusqu'à demain sur cette thèse ;
Jusqu'à demain de m'écouter
Nul de vous ne serait bien aise.
Mais quand vous m'avez bassiné
En m'imposant une rengaîne,
Je me venge, et du mot donné
Ma chanson vous jette l'étrenne.

FRÉDÉRICK BROUSMICHE.
Membre associé.

LA VUE BASSE

Air : *De sommeiller encor, ma chère*.

Pardon, mes amis, que j'essuie
Les deux verres de mon lorgnon,
Que je rapproche une bougie
Pour vous déchiffrer ma chanson.
M'y voilà... je commence... ô rage!...
C'est mon nez qui vient tout exprès
Porter son ombre sur ma page :
C'est agaçant de n'y voir que de près.

Pourtant ce nez est un programme
Que l'on admire tous les jours,
Et qui promet à chaque femme
Autre chose que des discours...

Mais quand on dit : « Bonjour, lunettes, »
Un beau nez ne fait plus ses frais,
Car on ajoute : « Adieu, fillettes! »
C'est décevant de n'y voir que de près.

Aussi j'ai soin d'ôter mes verres
Lorsque je fais, de mon balcon,
Cent gestes tout gros de mystères
A ma voisine du second.
Or, un beau jour, erreur cruelle !
Tous mes baisers, que j'égarais,
Tombaient sur l'époux de ma belle :
C'est désolant de n'y voir que de près.

L'époux, c'était un diable à quatre,
Voulut tirer l'affaire au net,
Et sut me forcer à me battre
Le lendemain au pistolet ;
Je vise au cœur, malgré ma vue
Mon adversaire avec succès,
Et c'est mon témoin que je tue...
C'est bien gênant de n'y voir que de près.

Mais, par mon courage séduite,
L'épouse dans un billet doux
M'écrit : « Au Bois venez de suite,
Je vous y donne rendez-vous. »

Elle attendait dans une allée;
J'y cours, mais quand je fus auprès,
Ma belle était vieille et grêlée...
C'est bien trompeur de n'y voir que de près.

A tous ces chagrins qu'on devine,
Et causés par mes mauvais yeux,
Ajoutez que la médecine
Me les rend encor plus affreux;
Par elle ici vous voyez comme,
M'interdisant le moindre excès,
Je vais partir sans mon jeune homme :
C'est attristant de n'y voir que de près.

MAHIET DE LA CHESNERAYE,
Membre titulaire.

LES CLOCHES

Air : *Mon système est d'aimer et boire* ou *du Carillonneur* de BÉRANGER

Digue digue dig din dig din don !
    Quel vacarme
    A tout mettre en alarme !
Qui vient m'assourdir? c'est le bourdon :
Dig din don din digue digue don !

Je disais, quand je quittai la ville :
Plus d'ennui, plus d'agitation,
Je pourrai, dans un champêtre asile,
Me livrer à l'inspiration.

Digue digue dig din, etc.

Cette fois, c'est un baptême à faire,
Et la cloche à grand bruit a tinté.
Chien d'enfant, au ventre de ta mère
Ah! pourquoi, dis, n'es-tu pas resté?

Digue digue dig din, etc.

Bon! encor se produit le tapage,
On va faire à l'autel deux heureux :
Comptez-y! L'on sait qu'en mariage
Le bonheur est presque fabuleux.
Digue digue dig din, etc.

Quoi! toujours! C'est à fendre la tête.
Il s'agit d'un défunt marguillier :
Sonnez fort, sonnez! c'est jour de fête,
Non pour moi, mais pour son héritier.
Digue digue dig din, etc.

C'en est trop, point de miséricorde!
Gens maudits, sonneurs à rendre fou,
De vos mains, ah! puisse enfin la corde
S'échapper, pour vous serrer le cou!

Digue digue dig din dig din don!
    Quel vacarme
     A tout mettre en alarme!
Qui vient m'assourdir? c'est le bourdon :
Dig din don din digue digue don!

Justin CABASSOL,
Membre titulaire

LE CAUCHEMAR

Air : *Ça vous la coupe à quinze pas.*

Je veux, mes amis, vous raconter ma nuit,
 Mais n'allez pas me compromettre!
Hier soir, chez moi je rentre après minuit,
 Mon portier me donne une lettre.
 Je sortais du Palais-Royal
Après avoir fait un dîner jovial
 Avec un petit nez camard,
 Lequel n'est pas mon cauchemar.

De mon lit je prends aussitôt le chemin;
 Mettant le billet sur ma table;
Je me dis : « Ma foi, je le lirai demain,
 Goûtons un sommeil délectable
 Lorsqu'on est gris si bien l'on dort!
Je dois, c'est certain, faire des songes d'or.
 L'estomac lesté de pomard,
 On ne craint pas le cauchemar. »

Je n'eus pas plutôt le chef sur l'oreiller
    Que je m'endormis comme un ange
Mais je commençais à peine à roupiller,
    Qu'il m'advint une chose étrange.
    Soixante voix à l'unisson
Criaient et beuglaient : « Dis-nous une chanson ! »
    J'aurais voulu fuir à Colmar ;
    Ça me donnait le cauchemar.

Je me labourais, furieux, le cerveau,
    Sans trouver un vers, une phrase ;
Pour atteindre au ciel, Encelade nouveau,
    J'essayais d'enfourcher Pégase ;
    L'animal ruant, se cabrant,
Prenait un galop abracadabrant ;
    Edgard Poë ni Gustave Aymard
    N'ont décrit pareil cauchemar.

Le chien de Panard me mordait les mollets,
    Un gendarme, nommé *Clairville*,
Après moi courait en hurlant des couplets
    Et des refrains de vaudeville ;
    Armé d'un grelot, il voulait
Me faire chanter ou me prendre au collet
    Comme un voleur de grand trimar
    C'était un affreux cauchemar !

Je fuyais toujours, éperdu, harassé ;
    Jamais chasse n'eut sa pareille.
Hors d'haleine, enfin, je roule en un fossé,
    Et tout-à-coup je me réveille.
    « Tiens ! me dis-je avec agrément,
Ce n'était qu'un rêve !... Hier, comme un gourmand
    J'aurai mangé trop de homard :
    Ça m'a donné le cauchemar. »

Mais le billet s'offre à mes yeux étonnés ;
    Sa lecture soudain m'éclaire,
Car j'y vois écrit : « *Liste des mots donnés.* »
    Du Caveau c'est la circulaire.
    Le mot que le sort m'imposa,
Ma mauvaise nuit, c'est lui qui la causa...
    Que la madone et que saint Marc
    Vous préservent du cauchemar !

Eugène GRANGÉ,
Membre titulaire.

LE CORYZA

Air : *Honneur, honneur.*

Atchim! oh! la la la!
   Mon nez roucoule
     Et coule,
Atchim! tchim! tchim! oh la!
Diable de coryza!

Un brouillard des plus lourds,
Comme aux cinq bons gendarmes,
Me fait verser des larmes...
Depuis au moins six jours
Je n'entends que ces mots :
« Sucez de la réglisse »,
Ou bien : » Dieu vous bénisse »,
Que j'en ai plein le dos!
Atchim! etc.

Sans être chicaneur,
Je la trouve mauvaise,
Car ce gueux de malaise
Transforme mon humeur!
Il me rend fort grognon,
Et, grâce au mal de tête,
Me procure un air bête
Qui me porte guignon.
Atchim! etc.

D'une infidélité
M'étant rendu coupable
Envers nymphe adorable,
J'accours chez ma beauté ;
Plein d'espoir, à genoux,
J'attends qu'elle prononce,
Et j'obtiens pour réponse :
« Sortez !... et mouchez-vous. »
Atchim ! etc.

Au spectacle, soudain
Un éternûment drôle
Me disloque, et je frôle
Un robuste gandin
Qui me dit : « Paltoquet,
Va danser à la porte » ;
Puis, sous le bras m'y porte
Comme un léger paquet.
Atchim ! etc.

Sans goût, sans odorat,
Sur terre il n'est, je pense,
Que maigre jouissance :
Tout vin me semble plat,
Tout mets me semble amer,
Et respirer la rose,
Pour moi c'est même chose
Que de sentir la mer.
Atchim ! etc.

Quoique bon citoyen,
Lorsque je sors je tremble...
Tant mon piton ressemble
Au bonnet phrygien !
Trois hommes vertueux,
Qui sortaient hier d'un bouge,
Me prenant pour un rouge,
M'ont poché les deux yeux !
Atchim ! etc.

Enfin en tout endroit
Chacun me fait la lippe,
Et je suis pris en grippe
Comme un chat maladroit !
Aussi, pour me rasseoir
De ces torts de la brume
Et pour soigner mon rhume,
Je me couche... bonsoir !

Atchim ! oh ! la la la !
    Mon nez roucoule
      Et coule,
Atchim ! tchim ! tchim ! oh la !
Diable de coryza !

JULES-JUTEAU,
Membre titulaire.

LA COLIQUE

Air : *Et voilà comme tout s'arrange*

Quand le mois de juin va finir,
Je murmure d'un air maussade :
Bon ! les *mots donnés* vont venir !...
Et j'en tombe presque malade.
J'espérais bien fuir cette fois
Votre requête épidémique,
Mais je me trompais, je le vois,
Car l'autre jour, d'un air narquois,
Duplan m'a donné la colique.

Vous allez tous me dire en chœur
Qu'un malade à l'âme hardie
Doit pouvoir mieux qu'un autre auteur
Faire... un chant sur sa maladie.

Nul n'a besoin de me souffler
A cet argument ma réplique;
Ce n'est jamais, pour roucouler,
Au Parnasse qu'il faut aller
Quand on attrape la colique.

Pardonnez-moi donc, mes amis,
Si je viens demander excuse;
Ce soir mon couvert n'est pas mis
Au joyeux banquet de la Muse.
Daignez d'un frère ignorantin
Accueillir gaîment la supplique;
Des *mots donnés* quand le festin
Reviendra, tenez pour certain
Que je n'aurai pas la colique.

DUVAL,
Membre associé.

LE MAL DE DENTS

Air de *la Petite Margot.*

Quand la série
Qu'on a choisie
Doit de nos jours chanter les accidents,
Que je regrette
Pour chansonnette
Qu'on ait pour moi tiré : le mal de dents!

Je l'ignorais, cette souffrance horrible,
Et le destin, qu'à tort l'on méconnaît,
M'a fait subir ce mal indescriptible,
Pour que je fusse imbu de mon sujet.

Oui, ce martyre
Qu'il faut décrire
M'a torturé d'une atroce façon;
D'après nature,
Je vous l'assure,
J'ai, ces jours-ci, pu faire ma chanson.

C'est dès le jour où l'on m'a fait connaître
Le mot donné qui m'était infligé,
Que mon maudit sujet m'a pris en traître :
Le scélérat! il n'a rien négligé.

   A la gencive
   D'abord m'arrive
Cette grosseur qu'on nomme fluxion,
   Puis ma molaire
   Alvéolaire
Entre aussitôt en fermentation.

Pendant huit jours, coton et chloroforme
Luttent en vain... Alors, sans balancer,
N'y tenant plus, au matin je m'informe
A quel dentiste il me faut m'adresser.

   Vite on m'indique
   Un homme unique,
Duchesne fils, arracheur érudit ;
   Le père opère,
   Le fils opère.
Ils font tous deux comme Pierre Petit!

J'avise, au coin de la rue Lafayette,
Bel escalier, que je monte *presto;*
Allons!... je mets la main sur la sonnette...
Le mal alors disparaît *subito.*

Pourtant je sonne,
Mais je frissonne
Quand un laquais vient m'ouvrir promptement.
Dans ma mâchoire,
L'on peut me croire,
J'entends déjà le bruit de l'instrument.

Au lieu d'entrer, je prends un air bonasse,
Et, regardant par-dessus l'escalier :
« Tiens !... je me trompe ! Excusez-moi de grâce,
Mais je croyais sonner chez mon banquier ! »

Puis sans attendre,
Sans rien entendre,
Je redescends en lui disant : « Pardon ! »
Quel spécifique
Odontalgique
Contenait-il ce bienheureux cordon ?

Et, tout joyeux, me voilà dans la rue ;
Je fredonnais l'air du *Tannhauser*,
Quand tout-à-coup... quelle souffrance aiguë !
Mon nerf me fait interrompre mon air.

Ah ! la coquine
Qui m'assassine !
Pour cette fois l'on va t'expédier !...

Cruel symptôme !
Le meilleur baume,
Oui, je le vois, c'est le baume d'acier.

J'ai resonné de nouveau ; puis la porte
Vient de s'ouvrir pour la seconde fois.
Le grand laquais, que le diable l'emporte !
Me fait entrer d'un air assez narquois.

S'il faut le dire,
Mon front transpire,
Car me voilà dans un grand cabinet ;
Meubles en chêne...
Monsieur Duchesne
Doit de son sort se montrer satisfait.

« C'est là, monsieur... une douleur affreuse !...
— Asseyez-vous, c'est l'affaire d'un rien.
— Aïe !.. oh !. — C'est fait... C'était une dent creuse...
— Ah ! creuse ou non, comme elle tenait bien ! »

Mais, va-t-on dire,
Je vous admire ;
Ce n'est pas là ce qu'on vous demandait,
Et cette histoire
Échappatoire
Vous a conduit hors de votre sujet.

Il vous fallait, fuyant ce stratagème,
Ne pas chercher un si subtil détour ;
Mais vous n'avez rien dit... non rien, pas même
Pourquoi ce mal s'appelle mal d'amour.

  Dame ! je n'ose,
  Car je m'expose
En vous disant comme il faut l'expliquer ;
  C'est un peu leste,
  Aussi je reste
Fort hésitant, de peur de vous choquer.

Car si j'en crois des récits très fidèles,
C'est... parce que... de jeunes imprudents,
En allant voir certaines demoiselles,
Ont maintes fois trouvé le mal... de dents.

  Dans la série
  Qu'on a choisie
On n'avait pas prévu... comme accidents,
  Que le plus traître
  Serait peut-être
L'ennui d'entendre ici... *le Mal de dents !*

WILLIAM BUSNACH,
Membre associé.

LES BRETELLES

Air du *Piége*

Je me plaignais de mon sujet,
Quand tout bas un joyeux critique
Me dit : « Pourquoi craindre un rejet,
Ton mot n'est-il pas élastique? »
Je réponds à cet à-propos
Que, parmi mes chansons nouvelles,
Nulle ne m'a scié le dos
Comme ces maudites bretelles.

Que de peines et de tracas,
Combien de petites misères
Il nous faut subir ici-bas
Dans nos plaisirs et nos affaires!
Qui pourrait le croire pourtant?
Dans nos ébats avec les belles,
Rien, non, rien ne nous vexe autant
Comme de casser nos bretelles.

Sans être fait en Apollon,
Doué d'une mince structure,
On peut fixer son pantalon
En le serrant à la ceinture :
Mais lorsque l'on devient ventru,
En dépit des modes nouvelles,
Pour ne point paraître incongru,
Hélas ! il nous faut des bretelles.

Jadis on voyait dans Paris
D'adroits escamoteurs de bourse
Agilement, s'ils étaient pris,
S'échapper et prendre leur course ;
De nos jours nos malins soldats,
Connaissant toutes leurs ficelles,
Les forcent à marcher au pas
En déboutonnant leurs bretelles.

Un soir de noces, que d'attraits
L'on découvre dans une fille !
Tandis qu'un homme, vu de près,
En a peu s'il se déshabille ;
Aussi paraissons-nous bien laids
A ces pudiques demoiselles,
Lorsque ayant ôté nos gilets,
Nous montrons nos bouts de bretelles.

Dans sa chanson du *Vieil habit*,
Béranger, ce divin poète,
Est sublime, et, sans contredit,
Cette œuvre en tout point est parfaite;
Eût-il jamais pu nous charmer
Par ses brillantes ritournelles,
S'il avait voulu s'escrimer
A chanter ses vieilles bretelles?

Les joyeux amis du Caveau,
Dans un banquet à la campagne,
Viennent, pleins d'un entrain nouveau,
Sabler le beaune et le champagne.
Puissions-nous, dans un doux accord,
Gais biberons, sous les tonnelles,
Nous en donner trente ans encor
Jusque par-dessus les bretelles!

LYON,

Membre titulaire.

LA CLÉ PERDUE

Air : *Petit bouton d'or.*

Autre petite misère,
    J'en reste tout coi...
Où donc est... — ah! quelle affaire!—
    La clé de chez moi?
Je secoue en vain ma porte,
    Suis-je ensorcelé?
Nom d'un!... le diable m'emporte!
    J'ai perdu ma clé!

Minuit!... Je cours et je sonne
    Chez le serrurier;
Je crie en vrai sourd, — personne
    Ne m'entend crier,
Sinon un sergent de ville
    Qui m'a raccolé...
Bah! laissez-moi donc tranquille.
    J'ai perdu ma clé!

Cette infortune est réelle,
    Et j'en gémis, mais

Plus d'un débiteur rebelle
    La fait naître exprès;
Vient-on frapper à sa caisse?
    « Mon cher, c'est bâclé;
J'ai votre argent... — Ciel! quoi! qu'est-ce!...
    — J'ai perdu ma clé! »

J'ai commencé la musique
    Et, prenant mon vol,
Je connaissais la pratique
    De la clé de *sol;*
Mais sur la flûte et le fifre
    J'ai tant renâclé,
Qu'à peine si je déchiffre...
    J'ai perdu la clé!

De fillette aimable et tendre
    J'étais le vainqueur,
Elle m'avait laissé prendre
    La clé de son cœur;
Mais j'ai négligé la belle
    Au chignon bouclé...
De son cœur et de chez elle
    J'ai perdu la clé.

Le télégraphe nous mande
    Qu'un grand chambellan,

Dans une cour allemande,
    S'est vu mettre en plan ;
Il disait : « Plus je n'émarge,
    Et rends, désolé,
Les insignes de ma charge...
    J'ai perdu ma clé ! »

Ce n'est pas par innocence
    Ni timidité,
Mais quand à quelque puissance
    Je suis présenté,
Aussitôt j'ai mal au ventre,
    Et, tout trifouillé,
Je vais, je viens, je sors, j'entre...
    J'ai perdu ma clé !

Clé de rébus, clé de songe,
    Clé du paradis...
Halte-là !... plus ne prolonge
    Ma chanson ; je dis :
Contentons-nous des rasades
    D'un fût bien cerclé,
Et du Caveau, camarades,
    Gardons bien la clé !

                    ALEXANDRE FLAN.
                          Membre titulaire.

LE TERME A PAYER

Air de la chanson d'*Un Sou* (de l'Auteur).

Terme à payer est un terme assez rude,
Mais il n'a rien qui puisse m'effrayer;
On doit compter sur mon exactitude,
Puisqu'en chansons il s'agit de payer.

Ce dieu d'argent, comme un roc immobile,
A mes respects croit avoir des droits, mais,
Barthélemy l'a dit : « Un imbécile,
Mortel ou Dieu, seul ne change jamais. »

Or, aujourd'hui, quoique son tributaire,
Peu soucieux de son joug oppresseur,
Je le dénonce, et cessant de me taire,
En le vexant, je soulage mon cœur.

C'est lui qui fait que lorsque tout sommeille,
Dans son grenier s'épuise l'ouvrier,
Que, sans repos, toutes les nuits il veille ;
Le malheureux a son terme à payer.

Sombre et pensif, au fond de sa boutique,
Un artisan, maudissant le métier,
Attend en vain l'inconstante pratique
Qui doit pourvoir à son terme à payer.

Terme insensible aux pleurs, à la misère,
Il fait saisir bijoux et mobilier ;
Salle Drouot on les met à l'enchère,
Et le produit fait le terme à payer.

Pour la vertu de la jeune ouvrière,
Terme à payer est un terme fatal ;
Il faut céder à son propriétaire
Lorsque la bourse est veuve de métal.

Mais si la fleur que le terme escamote
Devient le prix de trois mois de loyer,
Sans préjugés, la sensible cocotte
S'acquitte ainsi de son terme à payer.

Tous les trois mois, en France, on nous rançonne ;
Il est, dit-on, un peuple hospitalier
Qui sans façon l'hospitalité donne :
L'Écosse n'a point de terme à payer.

Pauvres mortels, attachés à la terre,
Si nous pouvions, ainsi que l'aigle altier,
Sur un rocher aller planter notre aire,
Là nous n'aurions point de terme à payer.

Terme à payer, je l'ai dit, peu me pèse;
Sans résister j'ai rempli mon devoir,
Mais j'eusse été beaucoup plus à mon aise
Si j'avais eu le terme à recevoir.

Si vous voulez un conseil salutaire,
Avec plaisir je puis vous l'octroyer :
D'une maison soyez propriétaire,
Et vous n'aurez point de terme à payer.

Terme à payer est un terme assez rude,
Mais il n'a rien qui puisse m'effrayer;
Comptez toujours sur mon exactitude
Lorsqu'en chansons je pourrai le payer.

L. DEBUIRE DU BUC,
Membre correspondant.

LES DÉMÉNAGEMENTS

Air des *Vendangeurs*.

On ne doit pas à tous moments
    Changer d'appartements ;
J'ai le meilleur des arguments
    Contre cette manie :
    Trois déménagements
    Valent un incendie.

Air du *Ballet des Pierrots*.

Mais il faut bien qu'on déménage,
Puisqu'ici l'on met tout à bas,
Et ça pour donner de l'ouvrage
Aux ouvriers qui n'en ont pas.
Or, de ce système il découle
Qu'à Paris on démolira
Tant que la Seine coule, coule,
Tant que la Seine coulera !

Air : *Ma marmotte a mal au pied*.

Quitter l'appartement qu'on a
    N'est pas la mer à boire,
Quant à savoir où l'on ira,
    C'est bien une autre histoire,

Et ce point n'est pas négligé,
  Attendu cet usage
Que lorsqu'on est déménagé,
  Il faut qu'on emménage!

Air : *Ma belle est la belle des belles.*

Puis après maint et maint voyage,
A-t-on fini par s'installer,
Qu'un papier timbré vous engage
Dans les six mois à détaler.
Les congés ont le privilége
De ne jamais nous convenir,
Mais lorsque l'on est au collége
On les accepte avec plaisir.

Air : *Sans bruit.*

Tels en ville, au faubourg,
S'en iront en plein jour,
  Quand d'autres, et pour cause,
  A l'heure où tout repose,
S'esquiveront la nuit
    Sans bruit.

Air : *Ça ne blesse personne.*

On n'est pas un Péreire,
Aussi l'on pensera
Que dans la tapissière
Son mobilier tiendra ;

Et puis, c'est à la lettre,
Le jour où l'on s'en va
On ne sait pas où mettre
Les trésors que l'on a !

Air des *Deux Edmond*.

Si vous ne pouvez à toute heure
La nuit gagner votre demeure,
De la maison où vous logez
    Déménagez !
Avez-vous, contre votre attente,
Une concierge complaisante,
Sans enfants, sans chiens et sans chats,
    Ne déménagez pas !

Air de la *Catacoua*.

On veut, car on est jeune et belle,
Un appartement au premier,
Mais la rose se fane-t-elle,
Adieu le galant jardinier !
Pour le deuxième on emménage,
Puis le troisième vient bientôt,
    Et vite et tôt,
    Comme à l'assaut
On monte, on monte, et puis au dernier saut,
   On s'arrête au sixième étage,
   Ne pouvant pas aller plus haut.

Air : *Contentons-nous d'une simple bouteille.*

Ce malheureux que l'on jette à la porte
Traîne à pas lents son chétif mobilier,
Avec le peu que sa charrette emporte
Trouvera-t-il un toit hospitalier ?
Un tel abus n'aura jamais de terme ;
Monsieur Vautour l'a dit bien avant moi :
Quand on n'a pas de quoi payer son terme,
Il faut avoir une maison à soi !

Air : *Il pleut, bergère.*

Il pleut, il pleut à verse,
Ne nous en plaignons pas ;
C'est de l'or que Dieu verse
Sur ses enfants ingrats ;
Car cette eau favorable
Aux mets que nous mangeons,
Nous l'envoyons au diable
Quand nous déménageons.

Air : *Une fille est un oiseau.*

Certe par un temps affreux
Lorsqu'il faut qu'on déguerpisse,
C'est un tourment, un supplice
Sans précédents à mes yeux.
Comme en un jour de carnage
Voir ses meubles au pillage,
Quand tenant tête à l'orage.

Les portraits de ses aïeux,
Comme au bord d'une rivière,
Sont sous la porte cochère
Barbotant à qui mieux mieux.

AIR : *Où s'en vont ces gais bergers.*

Diogène n'avait pas,
    Prudent autant que sage,
Les ennuis et les tracas
    De ce remû-ménage ;
Et si d'un emplacement nouveau
    Il se mettait en quête,
Il n'avait qu'à rouler son tonneau
    Et l'affaire était faite !

AIR : *J'arrive à pied de province.*

Ce qu'on a de mieux à faire
    Pour vivre longtemps,
C'est d'être heureux dans sa sphère
    Et des mieux portants ;
Il nous faut donc à tout âge
    Comme à tous moments,
Quand la santé déménage,
    Des ménagements.

E. DÉSAUGIERS,
Membre honoraire.

L'INSOMNIE

Air du Vaudeville de l'*Apothicaire*.

Dans les *mots donnés* du Caveau,
Celui que le destin m'adresse
Des facultés de mon cerveau
Vient de réveiller la paresse.
Je cherche en vain mes vers complets,
Ma muse est-elle à l'agonie?
J'ai composé ces huit couplets
Pendant mes heures d'insomnie.

Tout à côté de mon logis,
Depuis la semaine dernière,
Deux mariés ont fait leurs nids,
Mais la cloison est si légère!
J'entends de soupirs langoureux
La voluptueuse harmonie,
Et tous ces duos amoureux
Augmentent mes nuits d'insomnie.

Moi qui suis ennemi du bruit,
Je possède, autre voisinage,

Un couple qui fait jour et nuit
Un épouvantable tapage ;
Ils cassent tout dans la maison,
Et cette affreuse symphonie.
Pendant trois mois de la saison,
Me donne des nuits d'insomnie.

En face de moi demeurait
Une jeune et charmante brune ;
Chaque soir elle m'envoyait
Des baisers au clair de la lune ;
Mais sa main tirait, à minuit,
Ses rideaux sans cérémonie,
Et me laissait toute la nuit
Dans une amoureuse insomnie.

Grâce aux procédés les plus doux
Je captivai la jeune Élise,
Mais quand je vins au rendez-vous,
Je vis que ma place était prise.
Je partis fiévreux, irrité,
Maudissant mon mauvais génie,
Et ce jour d'infidélité
Me donna six nuits d'insomnie.

Fatigué de ne pas dormir,
Je voulus faire un long voyage

Et m'arrêtai, pour m'assoupir,
Dans une auberge de village.
O cruelle déception !
D'insectes ma couche garnie,
Avec sa population
Vint redoubler mon insomnie.

Je fus reçu dans le boudoir
De la blonde et coquette Adèle ;
Elle était ravissante à voir
Et se donnait pour demoiselle ;
Mais son époux, ô trahison !
Revenant de Californie,
M'envoya gaîment en prison
Passer plusieurs mois d'insomnie.

Je laisse à décrire, en ces lieux,
Les autres petites misères ;
Pour ma part j'ai fait de mon mieux
Afin de plaire à mes confrères ;
J'ai tâché dans ma livraison
D'écarter la monotonie,
Heureux, messieurs, si ma chanson
Ne vous donne point l'insomnie.

H. DRAKE,
Membre associé

LA SOIF

Air : **Tout le long, le long de la rivière**.

Sans penser à la rime en *oif*,
Le sort m'a dit : « Chante la soif! »
Pour un disciple de Grégoire
Ce mot n'est pas la mer à boire,
Et je l'ai d'autant mieux goûté
Qu'il fait appel à ma gaîté ;
Pour retremper l'esprit d'un vieux trouvère,
Versez, mes amis, emplissez bien mon verre,
J'ai soif, emplissez bien mon verre!

Dans les flots du jus purpurin
J'ai su noyer plus d'un chagrin ;
C'est heureux, car j'eus sur la terre
Mainte déception amère,
Et l'un de mes plus vieux amis
Dans la boîte aux oublis m'a mis ;
Pour que je croie à l'amitié sincère,
Versez, mes amis, emplissez bien mon verre,
J'ai soif, emplissez bien mon verre!

A peu près heureux ici-bas,
De mon sort je ne me plains pas ;
Parmi mes nombreuses faiblesses,
Je n'ai pas la soif des richesses,
Pourtant, un peu plus de métal,
Franchement... ne m'irait pas mal...
Lorsque j'ai bu, je suis millionnaire,
Versez, mes amis, emplissez bien mon verre,
J'ai soif, emplissez bien mon verre !

Parfois le liquide charmant
Sut éclairer mon jugement ;
Je viens de lire une gazette,
Une ode de certain poète,
Et je confesse, en vérité,
Que j'ai grand besoin de clarté ;
Dans mon cerveau pour faire la lumière,
Versez, mes amis, emplissez bien mon verre.
J'ai soif, emplissez bien mon verre !

Quand on boit sec en vieillissant,
Ça met du baume dans le sang ;
Ma femme, si je dois l'entendre,
Affirme que j'ai le vin tendre,
Et que le beaune ou le mâcon
Lui vaut... des retours de bâton ;

Afin qu'elle ait son petit ordinaire,
Versez, mes amis, emplissez bien mon verre,
　　J'ai soif, emplissez bien mon verre !

　　Versez toujours ! mais cette fois
　　Je ne veux que du vin de choix ;
　　Parmi les meilleures bouteilles,
　　Débouchez une des plus vieilles :
　　Quand je prends du vin généreux,
　　J'aime à donner aux malheureux,
Je sais encor quelque noble misère ;
Versez, mes amis, emplissez bien mon verre,
　　J'ai soif, emplissez bien mon verre !

　　De ma soif j'ai calmé l'ardeur,
　　Et je me sens plein... de bonheur !
　　Mais la table — chose étonnante —
　　Me semble une table... tournante...
　　Et coup sur coup, sans réfléchir,
　　A force de me rafraîchir,
Je m'aperçois que ma raison s'altère ;
Assez, mes amis, n'emplissez plus mon verre,
　　Je n'ai plus soif, laissez mon verre !

　　　　　　　　　　　　POINCLOUD,
　　　　　　　　　　　　Membre titulaire

LES PIQUE-ASSIETTES

Air : *Mon père était pot.*

En recevant ce *mot donné*,
　J'ai fait une grimace ;
Le sort m'a-t-il enguignonné
　　En m'ouvrant cette impasse ?
　　　Mon gosier, ma voix,
　　　Fredonnent parfois
　　De douces ariettes,
　　　Mais au lieu d'amour,
　　　Doivent en ce jour
　　Chanter les pique-assiettes.

N'étant pas le type parfait
　　D'un savant agronome,
Un bon dîner certes me plaît,
　　Car je suis gastronome ;
　　　Oui, d'un fin repas
　　　J'ai toujours fait cas ;
　　Bon vins, pas de piquettes,
　　　Et pour moi plutôt
　　　Payer mon écot
　　Que d'être pique-assiettes.

Le prolétaire sans argent,
    L'enfant de la Savoie
Et le parasite gourmand,
    Maigres oiseaux de proie,
      Vont, le nez au vent,
      Se planter devant
    Les friandes tablettes
      Qu'on voit chez Chevet
      Ou chez Corcelet,
    Sans être pique-assiettes.

Jadis les députés ventrus,
    Après une séance
Où leurs votes s'étaient accrus
    D'une loi de finance,
      Fêtaient à l'excès
      Un si beau succès,
    Et leurs panses replètes
      Les rendaient joyeux,
      Mais on vit en eux
    De fameux pique-assiettes.

Arthur est l'ami du mari
    D'une femme à la mode;
Eugène est le cousin chéri
    Dont elle s'accommode;
      Ce lutin charmant
      Leur dit poliment

De plier leurs serviettes,
  Et sans hésiter
  L'époux peut compter
Sur ces deux pique-assiettes.

La mode variant toujours,
  Folle et capricieuse,
La crinoline en ses contours
  Passe pour merveilleuse:
    Brodequin mignon,
    Cheveux en chignon
  Et surmonté d'aigrettes
    Plaisent aux amants,
    Dont ces ornements
  Font de vrais pique-assiettes.

Je viens ici goguenarder
  Le grand, le petit monde,
Ne pourrait-on me demander
  Sur quel droit je me fonde?
    J'ai pu sans façon
    Faire une chanson
  Et dire des sornettes;
    Je suis ennuyeux,
    Mais cela vaut mieux
  Que d'être pique-assiettes.

AD. AULAGNIER.
Membre correspondant.

LA PAUVRETÉ

Air de *la Sabotière*.

D'un gueux si j'ai l'étoffe,
Du moins avec gaîté,
J'accepte en philosophe
Ma part de pauvreté.

La pauvreté ne nous déplaît
Que quand, esprits des plus moroses,
Nous ne savons pas, sous des roses,
Déguiser ce qu'elle a de laid.
  D'un gueux, etc.

Riche, un jour l'homme de talent
Perd de son imaginative;
Pour moi, plus la gêne est rétive,
Plus j'y trouve de stimulant.
  D'un gueux, etc.

Je pourrais, avide et fougueux,
Tenter la fortune suspecte...
Heureusement je me respecte
Assez pour rester un vrai gueux.
    D'un gueux, etc.

Petit réduit me va de droit,
Car je suis pauvre, mais honnête ;
Lorsque je caresse Nanette,
J'aime à me trouver à l'étroit.
    D'un gueux, etc.

Quand l'amour me fait ici-bas
Égrener son plus doux rosaire,
Je prends courage, et la misère
A pour moi presque des appas.
    D'un gueux, etc.

Ma bourse est légère, et, de fait,
Je ne puis payer la Réclame ;
Mais gratis ici tout s'acclame,
Et j'en suis vraiment satisfait.

    D'un gueux si j'ai l'étoffe,
    Du moins avec gaîté,
    J'accepte en philosophe
    Ma part de pauvreté.

D. THIÉBAUX.
Membre honoraire.

LES DETTES

AIR : *C'est le gros Thomas.*

Qui d' nous ici-bas
N'a pas quéqu' chos' qui l'asticote ?
Moi, c' qui m' gên', hélas !
C'est qu' je n' peux plus tirer d' carotte ;
J' n'y s'rais pas le bienv'nu,
Par malheur j' suis connu ;
A mon budget vu qu'on s'inquiète
De n' voir figurer que l' mot dette,
Je m' trouve embêté
De m' trouver endetté.

Voici la chaleur,
En été je voudrais me mettre ;
Or, chaque tailleur
A ma foi craint de se commettre,
Et je n'ai qu'un raglan

Tout garni d'astrakan :
En janvier c'est p't-être à la mode,
Mais en juin ça n'est pas commode :
    Qu'on est embêté
    Quand on est endetté!

Mon cousin Gaillard,
A qui j' dois, cri' comme un vrai diable ;
    Que j' lui d'mande un liard,
Il m' le r'fus'rait, c'est pitoyable!
    J' m'adresse à c' bon Duval ;
    Ça n' marchait déjà pas mal,
Mais v'là l' cousin Gaillard qu'arrive ;
Il m'attrape, et Duval s'esquive :
    Qu'on est embêté
    Quand on est endetté!

Vachette autrefois
Connut les beaux jours de ma bourse ;
    Maint'nant qu' partout j' dois,
D'un gargot j' n'ai mêm' plus la r'ssource.
    Ça s'rait trop aristo
    De dîner chez Peticau ;
Moi qui m' prélassais chez Vachette,
J' mange A *l'hasard d' la fourchette :*
    Qu'on est embêté
    Quand on est endetté!

J' dois presque deux ans
A ma vieille propriétaire ;
　　Mes traits séduisants
A c'tte carabosse ont su plaire ;
　　Dans ma chambre avant-hier
　　Elle entre, tout en l'air :
« Or çà, dit-elle, qu'on me paie ! »
Vous d'vinez quell' fut la monnaie...
　　　Qu'on est embêté
　　　Quand on est endetté !

　　Rose était d' mon goût.
Et j'allais épouser ma Rose ;
　　Vite un vieux grigou
Veut qu'à Clichy l'on m'entrepose.
　　Pas mèche d' protester,
　　J' dus quand même en tâter.
En sortant d' là j' cours chez ma belle
Le vieux f'sait l'enfant avec elle !...
　　　Qu'on est embêté
　　　Quand on est endetté !

　　A mes créanciers
En vain je cache ma demeure ;
　　Faut qu'ils soient sorciers ;
A ma porte ils frapp'nt à toute heure.
　　Mon bottier même, un m'lon,

Sait qu' j'expose au Salon ;
Pour me r'lancer, sans politesse,
L' livret lui livre mon adresse :
    Qu'on est embêté
    Quand on est endetté !

    Tout ça prouv' que si
Je n' suis pas riche en billets d' banque,
    En r'vanch', Dieu merci !
Les dett's, c'est pas ça qui me manque.
    Le petit homme gris
    Dirait : « Moi je m'en ris ! »
Certain'ment j' l'admir' dans son rôle,
Mais les dett's ça n'est pas si drôle !
    J' suis très embêté
    D'être très endetté !

HENRI GILLET,
Membre associé

LA CONSCRIPTION

Air : *Et plus d'un maréchal de France,* etc.

Quoique d'un âge... raisonnable,
Je suis conscrit pour la chanson ;
En me voyant à cette table
On s'étonne du sans-façon,
Mais je viens payer ma rançon ;
Car esclave de la consigne,
Il faut qu'en cette occasion,
Bon gré, mal gré, je me résigne
A chanter la conscription.

Il est beau l'état militaire,
Cependant, soit dit entre nous,
Il compte au moins pour adversaire
Tout être pacifique et doux,
De la gloire fort peu jaloux ;
Quitter son état, sa famille,
Est une grave question
Qui fait rêver, même un bon drille
Atteint par la conscription.

La loi qui nous enrégimente,
Bien qu'un peu dure en certain cas,

Est tutélaire et prévoyante
Pour la veuve dans l'embarras,
Car son fils ne partira pas ;
De ceux pourtant qu'elle exonère,
Plus d'un ne voit l'exemption
Qu'avec regret... mais une mère
Passe avant la conscription.

Semblable loi chez nos ancêtres
N'existait pas, et cependant
Les Français trônèrent en maîtres
De l'Orient à l'Occident,
Guidés par leur courage ardent ;
Qu'il faille encor sauver la France,
Ses fils, sans hésitation,
Voleraient tous à sa défense,
Même sans la conscription.

Entre autres misères maussades,
Il en est une assurément,
Celle pour vous, chers camarades,
D'éprouver le désagrément
De m'écouter en ce moment ;
J'aurais dû, laissant ma rengaîne,
M'abstenir par exception :
Vous auriez eu la bonne aubaine
D'esquiver la *Conscription*.

PARISET,
Membre associé.

LE JOUR DE GARDE

Air du *Charlatanisme.*

« On sonne! à peine naît le jour.
A cette heure si matinale
Qui vient? — Monsieur, c'est le tambour
De la garde nationale,
De service il porte un billet.
— Que le tonnerre le bombarde!
Quoi! par les chaleurs de juillet
Endosser fourniment complet!
Au diable soit le jour de garde! »

Le jour venu, tout en pestant,
Je vais joindre mon chef de file;
Puis le corps va, tambour battant,
Au poste de l'Hôtel-de-Ville;
Un nuage vient à crever
A plomb comme une hallebarde;

Des rangs je ne puis m'esquiver,
Force est de me faire laver :
Au diable soit le jour de garde !

Désireux de négocier
Des valeurs en hausse à la Bourse,
Je fais, du poste, expédier
L'ordre de vente, au pas de course.
Mais le porteur, peu diligent,
Chez le marchand de vin s'attarde.
L'ordre est tardif à mon agent ;
Adieu, profits de mon argent :
Au diable soit le jour de garde !

Service et garde sont finis,
On sent que l'estomac harcèle ;
Pour dîner un groupe d'amis
Entre à la *Belle Gabrielle* (1).
Mais, au café, l'on fait passer
Les jeux de carte ; je hasarde...
Le gain d'abord vient m'amorcer,
Puis cent louis vont s'éclipser :
Au diable soit le jour de garde !

Je rentre enfin à la maison ;
Ma femme, à ma vue étonnée,

(1) Restaurant près de l'Hôtel-de-Ville.

Se trouve prise de frisson,
OEil en feu, joue enluminée.
Voyant que d'un air inquiet
A tout moment elle regarde
La porte de mon cabinet,
J'ouvre... un jeune homme m'apparaît :
Au diable soit le jour de garde!

Voici pourtant, en résumé,
Le prix de mon zèle civique :
Chez moi revenir enrhumé,
Manquer affaire magnifique,
Sottement perdre mille écus,
Puis avec la jaune cocarde
A mon chapeau, passer, de plus,
Dans le régiment des c....
Au diable soit le jour de garde!

VACHER,
Membre associé

LE CONSEIL DE DISCIPLINE

Air : **Voilà l' zouzou**.

Il est une institution,
Frein répressif et salutaire,
Dont la date et l'invention
Sont aussi vieilles que la terre.
Après la faute le réveil ;
La justice humaine et divine
    Ont leur conseil,
Ont leur conseil de discipline.

Adam chassé du paradis
Et sa séduisante compagne,
Tremblants, peu vêtus, interdits,
S'endorment en rase campagne ;
Ils murmuraient dans leur sommeil :
« Avec Dieu sitôt qu'on badine,
    Gare au conseil,
Gare au conseil de discipline. »

Quand un garde national
Ne veut pas sauver la patrie,
Plus tard devant le tribunal
Il doit se rendre à la mairie.
Paris, Carpentras et Corbeil,
Pour le citoyen qui s'obstine
  Ont leur conseil,
Ont leur conseil de discipline.

Au président qui se mouchait
Un prévenu dit à voix haute :
« Ce jour-là ma femme accouchait,
Vraiment ce n'est pas de ma faute.
Voilà dans son simple appareil
La vérité sans crinoline ;
  Viv' le conseil
Viv' le conseil de discipline! »

Léonidas est surpassé,
Mazagran brille dans l'histoire ;
Le fils du Prophète est lassé,
A lui la honte, à nous la gloire !
Fait héroïque et sans pareil,
Cette phalange léonine
  Sort du conseil,
Sort du conseil de discipline.

Viveur, ivrogne ou libertin,
L'œil terne et la face rougie,
L'ombre fuit, voici le matin,
L'*Angelus* fait taire l'orgie;
Regarde à l'horizon vermeil :
L'oiseau chante et l'ange s'incline...
      Quel doux conseil,
Quel doux conseil de discipline!

Signal du jugement dernier,
Quand résonnera la trompette,
Je veux chanter, ex-chansonnier,
Un refrain qu'en chœur l'on répète :
Viens éclairer, ami soleil,
En dorant l'immense colline,
      Ce grand conseil,
Ce grand conseil de discipline.

J. RUEL,
Membre associé.

L'HOTEL DES Z'HARICOTS

Air : *Aussitôt que la lumière.*

De nos petites misères
Défilant le chapelet,
Souvent dans les plus vulgaires
On trouve un charmant sujet :
De la garde citoyenne
Négligeant tous les héros,
Je vais vous chanter l'antienne
De l'hôtel des z'Haricots.

Au conseil de discipline
Lorsque vous comparaissez,
Vous faites très triste mine
Et baissez très fort le nez.
Le président qui vous gouaille
Se résume par ces mots :
« Que le prévenu s'en aille
A l'hôtel des z'Haricots. »

C'est là qu'on vous administre
Des brouets plus ou moins noirs;
Le geôlier d'un air sinistre
Vient vous boucler tous les soirs;
Votre tambour jusqu'en rêve
Vient troubler votre repos,
Et l'on n'a ni paix ni trêve
A l'hôtel des z'Haricots.

Vous trouvez là des artistes,
Des nobles, des chaudronniers,
Des bourgeois, des ébénistes,
Et pas beaucoup d'épiciers;
De la loi chacun s'amuse
A maudire les suppôts,
Contre eux s'exerce la Muse
A l'hôtel des z'Haricots.

On y voit des autographes
De nos grands hommes du jour,
Sur les murs des lithographes
Ont buriné leur amour;
Le grand Dumas y figure
Près de nombreux Paturois,
Et l'on rit comme un augure
A l'hôtel des z'Haricots.

Aymès, le roi des réclames,
Avait, parmi ses secrets,
Inventé l'*huile des dames*
Et les *haricots discrets;*
On ne fait jamais usage
De ce mets dans nos cachots,
Car c'est un affreux tapage
A l'hôtel des z'Haricots.

Si de l'urbaine milice
Je brave ainsi les bourreaux,
Je vous le dis sans malice,
Si j'ai chargé mes tableaux,
C'est que j'ai, par aventure,
Cinquante ans aux abricots,
Et ne crains plus la torture
De l'hôtel des z'Haricots.

A. FOUACHE,
Membre associé.

LES MAUVAISES ODEURS

Air : *Avez-vous vu dans Barcelone* (Musset)

Que j'ai de peine ! un biographe,
Sur note d'un ami bien cher,
Prend mon chansonnier autographe
Qu'il ne connaît pas, et l'agrafe
Dans les régions de l'éther.

Mais comme ma chanson rustique
Fait son chemin et mon bonheur,
Je cambronnise le critique
Du fin recueil microscopique
Pour entrer en mauvaise odeur.

Je veux vous faire une romance,
Car mon sujet est bien joli,
Et sans vous parler d'indécence,
Vous prouver que dans l'existence
Tout ne sent pas le patchouli.

Allons, messieurs de la voirie,
Embaumez-nous de vos senteurs ;
Vos tonnes de parfumerie
Font qu'en passant chacun s'écrie :
« *Que c'est comme un bouquet de fleurs !* »

Vous devez, nocturnes phalanges,
Bien des mercis aux gros mangeurs,
Car plus on en fait, plus tu manges,

Noble famille des Domanges,
La plus fine des vidangeurs!

Va ton petit train, ma romance,
Poétiser est si joli!
Et sans nous parler d'indécence,
Prouve-nous que dans l'existence
Tout ne sent pas le patchouli.

As-tu subi, voiture close,
Des déchaussés de piété?
Sans médire en rien de la chose,
On sent que sentent peu la rose
Les pieds nus de leur sainteté.

Je ne parle pas des gendarmes,
J'ai du respect pour les sueurs!
Mais ne versez jamais de larmes
Pour celles que les rouges charmes
Épanchent à deux sans lueurs.

Continuons notre romance,
Car le sujet est bien joli,
Et sans qu'on cite d'indécence,
Convenez que dans l'existence
Tout ne sent pas le patchouli.

C'est une haleine de bacchante,
Picuvre du mousseux champenois:
Baisez sa lèvre délirante :
Elle casse de l'avalante...
Sauf le respect que je vous dois.

De vagues odeurs de marée
La révèlent au tourtereau,
Comme si la robe moirée
De ce genre de cythérée
Eût touché quelque maquereau...

Recontinuons la romance,
Ça devient, ma foi, très joli,
Et sans énoncer d'indécence,
Démontrons que dans l'existence
Tout ne sent pas le patchouli.

C'est, — sans que ça vous effarouche, —
Le vilain soupir maladroit,
Qui, n'osant sortir par la bouche,
Silencieusement débouche
— Odorant — par un autre endroit.

C'est Éole entr'ouvrant son antre
Et détonant avec bonheur
Dans le gazouillement d'un ventre
Qui fioritte, aussi bien qu'un chantre,
Une roulade en *ut* majeur.

Arrêtons là notre romance,
Car ça devient par trop joli,
Et sans vous citer d'indécence,
J'ai prouvé que dans l'existence
Tout ne sent pas le patchouli.

A. VILMAY.
Membre titulaire.

L'EXIL

Air : *Verse encor, encor, encor, encor.*

Chansonner l'exil!...
Sujet peu noble et digne
D'un être incivil
Ou bien d'un alguazil!...
Mais du Caveau s'il
Nous en vient la consigne,
Ah! fût-ce au Brésil,
Allons chanter l'exil!...

Chers amis, partons, partons, partons!
En tous lieux du Caveau le mot d'ordre est : Qu'on rie!
Chers amis, partons, partons, partons!
Il vaut une patrie,
L'exil où nous chantons.

Déjà le pistil
S'entr'ouvre à l'étamine ;
Là-bas, doux exil !
Nous attend au Ménil
Fillette au long cil,
Blanche comme l'hermine ;
Quel naïf babil !
Quel ravissant profil !

Chers amis, partons, partons, partons !
Quittons le macadam pour la rive fleurie ;
Chers amis, partons, partons, partons :
Il vaut une patrie,
L'exil où nous aimons.

En chasse !... autre exil !
Notre belle réclame
Sa part de péril ;
Et, las d'un repos vil,
Azor du chenil
S'enfuit... La biche brame :
Un adroit fusil
L'atteint d'un coup viril.

Mes amis, partons, partons, partons !
La chasse avec l'amour dans les bois se marie ;

Chers amis, partons, partons, partons !
 Il vaut une patrie,
 L'exil où nous chassons.

  Glissant sur un fil,
 Un doux mot nous attroupe
  Encor dans l'exil :
 Vendange ! ainsi soit-il !
  Vigneron gentil,
 Prépare notre coupe ;
  Un nectar subtil
 Va couler du baril.

Chers amis, partons, partons, partons !
Pour charmer notre soif déjà le pressoir crie :
Chers amis, partons, partons, partons !
 Il vaut une patrie,
 L'exil où nous buvons.

  Et quand le myrtil,
 En janvier dort sous terre,
  Que près du fenil
 L'oiseau cherche son mil,
  Quel charmant exil,
 Celui de la chimère !
  On rêve d'avril
 Sous un toit de grésil !

Chers amis, partons, partons, partons!
Pour les enchantements, l'azur et la féerie,
Chers amis, partons, partons, partons!
Il vaut une patrie,
L'exil où nous rêvons,

Bref, de cet exil
Où le bon Dieu nous plonge,
Dévidons le fil
Sans froncer le sourcil;
Et même qu'un bill
(Bill céleste) prolonge
Notre état civil
Jusques en l'an deux mil!

Chers amis, restons, restons, restons
Dans ce monde charmant, quoi qu'en dise l'Apôtre;
Oui, chantons, aimons, buvons, rêvons!
Il en vaut bien un autre,
L'exil où nous vivons.

E. VIGNON,
Membre titulaire.

LE DUEL

Air de *la Partie carrée*.

C'est le *Duel* qui m'échut en partage,
En l' recevant, mon sang n'a fait qu'un tour ;
Moi qui croyais, dans ce charmant cottage,
Ne célébrer que Bacchus et l'amour !
De la gaité j' voulais tarir la coupe,
Mais des farceurs, ourdissant un complot,
Pour me donner ce vilain mot, sans doute,
    Se sont donné le mot.

Air de *la Petite Margot*.

    Je le proclame,
    Oui, c'est infâme !
J'espère bien qu'il me sera permis
    De me défendre ;
    Je veux pourfendre
Très proprement chacun d' vous, mes amis.

Dois-je tuer d'abord notr' chef de file?
C'est un honneur qu'il peut revendiquer;
Mais il est fort, bien fort, l'ami *Clairville*,
J' veux réfléchir avant de l'attaquer.

  Protat ricane,
  Je crois qu'il cane :
Il veut me fair' dévorer bel et bien
  Par son caniche;
  Mais je m'en fiche,
J' vais sur *Juteau* m' rattraper, nom d'un chien!

Mais qu'ai-je dit? monstre d'ingratitude,
J'irais m' baigner dans le sang de *Juteau*,
Lorsque sur moi, dans sa sollicitude,
En bon parrain il a l'œil au Caveau!

  Lyon comme un tigre
  S' défendrait, bigre!
J'entends *Duval* m' dire, ainsi qu' *Pariset :*
  « L'affaire est grave,
  Si tu nous brave,
Tu vas r'cevoir un bon coup de... *Mahiet!* »

Voici *Grangé :* de l' réduire en compote
Je s'rais flatté, mais c'est un fin renard;
Quand du vaud'ville il quitte la marotte,
C'est pour saisir du drame le poignard!

Point de bravache,
J'ai peur de *Fouache*,
C'est donc à *Flan* que j' dois percer le flanc !
Mais j' trouv' sans gêne
Dubois de Genne,
Qui m' dit tout bas : « Mon très cher, y a pas plan. »

Drake a rougi ; j' m'aperçois qu'il boutonne
Son habit noir ; *Gillet* boutonn' le sien ;
Boum !... de *Vasseur* j'entends la voix qui tonne...
Décidément je ne me sens pas bien.

Ainsi qu'un lièvre
J' tremble : *Lefebvre*,
Me réservant un beau coup de jarnac,
S'adjoint *Demeuse*,
Lame fameuse ;
A l'horizon je vois pointer *Busnach*.

Seul contre tous, comment faire ? J'enrage !
Qui donc voudra venir à mon secours ?
Pour conjurer, pour calmer cet orage,
A votre voix, mes amis, j'ai recours.

Joyeux trouvères,
Au choc des verres
J' vois, ô bonheur ! se lever tout-à-coup

Plus d'un bon zigue ;
Gare à la digue
Que l'on tent'rait d'opposer à *Poincloud !*

Oui, de *Poincloud* pas un effet qui rate,
Il ferait rire un gigot dans un four,
Et ses bons mots, qui vous gonflent la rate,
L'ont fait nommer le roi du calembour !

« En conscience,
Tu n'as pas d' chance,
Me disait-il en me parlant des lots ;
L' duel n' vaut guère
Mieux que la guerre ;
Pourtant la guerre est le plus grand des mots... »

A la rescousse ! à moi, cher *Lagoguée !*
Désarme-les par un joyeux refrain ;
Hardi ! bravo ! leur âme est subjuguée,
Et grâce à toi je gagne du terrain !

Brot, joyeux barde,
O toi qui larde
Avec bonheur un fût de beaugency,
En toi j'espère,
Brave compère,
Il faut à *Ruel* ouvrir la veine ici.

Mais voici *Bu Bu Bugnot* qui s'avance;
Vacher, Vignon, et *Brousmiche* et *Duplan*
Lui font cortége, et d'une conférence
Viennent poser les bases; oui, mais vlan!

    L' branl'-bas commence;
    Vrai! j' nai pas d' chance,
Je ne compt' pas parmi les plus lurons,
    Mais il me semble
    Que la terr' tremble...
Ah! de *Vilmay* ce sont les bûcherons!

J' vois apparaître, armé d'un bas de page,
Un vaillant preux, c'est le sir' *Bouclier*;
Comme Malbrouck y s' paye un petit page...
Tiens! mais c'est *Grou* qui port' son bouclier

    Dans la bagarre,
    Sans crier gare,
J' vois s'élancer *Vergeron;* je frémi,
    Mais il m'entraine
    Loin de l'arène,
En s'écriant : « Dis zut! à l'ennemi! »

Ce mot est vif et renferme un mystère,
Me dis-je, et lui, me montrant un rempart :
« Tiens, me dit-il, v'là ton quadrilatère! »
Et j' m'aperçois que j' suis derrière *Allard.*

Pour me réduire,
Du Buc Debuire
S'est renforcé d' *Fortin* (de Vimoutier);
De dessous terre
Un volontaire
Surgit soudain, je reconnais *Boulmier*.

Voici là-bas *Levaillant (Onésime)*;
Ce contingent du beau pays normand
Est dangereux, si j'étais sa victime,
Ça m' chiffonn'rait un peu sur le moment.

Mais *Krauss* arrive,
Sur le qui-vive
J' dois me tenir, il dit qu'au Champ de Mars
La poésie
Et la folie
Font un appel à tous leurs vieux grognards.

Je reconnais ces rudes adversaires,
Formant à douze un bataillon carré ;
Oui, du Caveau ce sont les honoraires,
De la chanson c'est l' bataillon sacré.

« La tour, prends garde ! »
Chante *Lagarde*...
Tiens ! le voilà qui chiffonne Catin.

La vivandière,
Qui se laiss' faire
En lui disant : « Finis, p'tit libertin ! »

Bons cavaliers, chansonniers populaires,
Voici *Festeau*, puis *Justin Cabassol;*
Pour eux Pégase a des ailes légères ;
Et leurs chansons ne ras'nt pas mêm' le sol.

Le clairon sonne,
Et *de Calonne*
Lance à l'assaut *Bordet* et *Jacquemart;*
Ah ! saperlote !
Faut qu' j' numérote
Mes osselets, car on tir' sur *Allard!*

Fournier, Lesueur, s'unissent à *Marie;*
Giraud me brave ; oh ! je sais qu'un couplet
Lancé par lui, plus que l'artillerie
Fait du ravage... Ah ! voici le bouquet !

Le carré s'ouvre,
Je crois du Louvre
Voir s'échapper Tarquin ou bien César;
J' prends ma lunette,
C' n'est qu' la binette
D' l'ami *Thiébaux*, l'homme au profond regard.

Salin le suit, *Salin* qui sans nul doute
Est l' favori de quelque diablotin,
Qui lui donna, quand il se mit en route,
Pour talisman le casque de Mengin.

    Guerrier terrible,
    Désaugiers m' crible
D' couplets charmants, il veut m'anéantir;
    Je désespère,
    Songeant au père
Je m' dis soudain : « Bon sang ne peut mentir. »

Mais ce héros, n'est-ce point Charlemagne?
Non, du Caveau c'est l' président d'honneur;
Ah! recevons aux salves du champagne
Jules Janin, ce grand médiateur!

    Je le proclame,
    Oui, sur mon âme,
Je ne veux plus de vous faire un salmis;
    Loin d' vous pourfendre,
    Loin de m' défendre,
Je veux trinquer avec vous, mes amis!

                  JULES DE BLAINVILLE,
                      Membre titulaire.

TABLE

Pages

ALLARD-PESTEL, MEMBRE TITULAIRE.
La Belle-Mère. 8

AULAGNIER, MEMBRE CORRESPONDANT.
Les Pique-Assiettes. 94

DE BLAINVILLE, MEMBRE TITULAIRE.
Le Duel 121

BOUCLIER, MEMBRE TITULAIRE.
Le Train manqué. 28

BROUSMICHE, MEMBRE ASSOCIÉ.
Les Étrennes. 53

BUGNOT, MEMBRE TITULAIRE.
Les Infortunes conjugales. 5

BUSNACH (William), MEMBRE ASSOCIÉ.
Le Mal de dents 69

9**

Pages

CLAIRVILLE, MEMBRE TITULAIRE.

Les Raseurs. 21

DEBUIRE (DU BUC), MEMBRE CORRESPONDANT.

Le Terme à payer 80

DEMEUSE, MEMBRE ASSOCIÉ.

Le Naufrage. 31

DÉSAUGIERS (Eugène), MEMBRE HONORAIRE.

Les Déménagements 83

DRAKE, MEMBRE ASSOCIÉ.

L'Insomnie. 88

DUVAL, MEMBRE ASSOCIÉ.

La Colique 67

FLAN (Alexandre), MEMBRE TITULAIRE.

La Clé perdue. 77

FORTIN, MEMBRE CORRESPONDANT.

Les Chenilles. 35

FOUACHE, MEMBRE ASSOCIÉ.

L'Hôtel des z'Haricots. 101

GILLET, MEMBRE ASSOCIÉ.

Les Dettes. 99

GRANGÉ (Eugène), MEMBRE TITULAIRE.

Le Cauchemar. 61

	Pages
GROU, MEMBRE ASSOCIÉ.	
L'Album.	15
JANIN (Jules), MEMBRE HONORAIRE.	
L'Omnibus complet	25
JUSTIN-CABASSOL, MEMBRE HONORAIRE.	
Les Cloches	59
JULES-JUTEAU, MEMBRE TITULAIRE.	
Le Coryza.	64
LAGARDE, MEMBRE HONORAIRE.	
Les Puces et les Punaises.	38
LAGOGUÉE, MEMBRE TITULAIRE.	
Le Pourboire	50
LEFEBVRE, MEMBRE ASSOCIÉ.	
Les Exigences du Portier.	47
LYON, MEMBRE TITULAIRE.	
Les Bretelles.	74
MAHIET DE LA CHESNERAYE, MEMBRE TITULAIRE.	
La Vue basse	56
PARISET, MEMBRE ASSOCIÉ.	
La Conscription	103
POINCLOUD, MEMBRE TITULAIRE.	
La Soif	91

PROTAT (Louis), MEMBRE TITULAIRE.

Pages

Les Chutes. 41

RUEL, MEMBRE ASSOCIÉ.

Le Conseil de Discipline 108

SALIN, MEMBRE HONORAIRE.

Les Bottes neuves 11

THIÉBAUX, MEMBRE HONORAIRE.

La Pauvreté 97

VACHER, MEMBRE ASSOCIÉ.

Le Jour de garde 105

VASSEUR, MEMBRE TITULAIRE.

Le Piano 18

VERGERON, MEMBRE TITULAIRE.

Les Mauvais domestiques 46

VIGNON, MEMBRE TITULAIRE.

L'Exil 117

VILMAY, MEMBRE TITULAIRE.

Les Mauvaises odeurs 114

IMPRIMERIE DE JULES-JUTEAU ET FILS,
rue Saint-Denis, 341.

www.ingramcontent.com/pod-product-compliance
Lightning Source LLC
Chambersburg PA
CBHW060157100426
42744CB00007B/1072